UNE

SAISON A CANNES

EN PROVENCE

Non ignara mali, miseris succurrere disco.
(VIRG., *Œnidos*, l. I.)

J'ai connu le malheur et j'y sais compatir.
(Traduction de DELILLE.)

DEUXIÈME ÉDITION

CANNES
LIBRAIRIE CLASSIQUE FRANÇAISE ET ÉTRANGÈRE
PAUL MAILLAN, rue du Port, 34.

1878

UNE SAISON A CANNES

EN PROVENCE

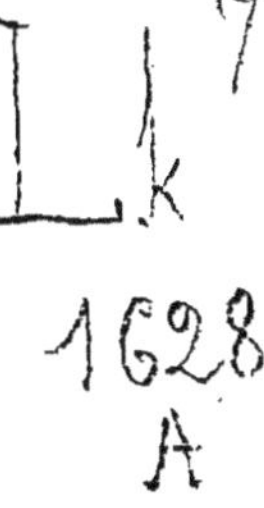

Nice — Typographie V.-Eugène GAUTHIER et Cie,
descente de la Caserne, 1.

VUE GÉNÉRALE DE CANNES

UNE

SAISON A CANNES

EN PROVENCE

Non ignara mali, miseris succurrere disco.
(VIRG., *Œnidos*, l. I.)

J'ai connu le malheur et j'y sais compatir.
(Traduction de DELILLE.)

DEUXIÈME ÉDITION

CANNES
LIBRAIRIE CLASSIQUE FRANÇAISE ET ÉTRANGÈRE
PAUL MAILLAN, rue du Port, 34.

1878

Aux bienfaiteurs de Cannes.

A la Mémoire de Lord Brougham.

A M. J. R. Woolfield.

AVANT-PROPOS

Non injussa cano.

Longtemps avant que la petite ville de Cannes eût acquis tant de renommée, à cette époque, où le travail de l'homme avait ajouté peu de chose à l'œuvre si grande de la nature, arrivait sur cette plage, une jeune malade, appuyée péniblement sur des béquilles. Atteinte depuis trois ans d'une artrite rhumatismale au genou, elle avait expérimenté en vain un grand nombre de traitements, lorsqu'un célèbre professeur à la Faculté de médecine de Paris, M. Jules Cloquet, lui conseilla les insolations par le sable de mer. Elle en éprouva une prompte amélioration : à la cinquième insolation sablonneuse, elle marchait sans béquilles ; après deux saisons du même traitement, environ quarante insolations, elle retournait à Paris, radicalement guérie.

Lord Brougham résidait alors à Cannes. L'illustre chancelier anglais, qui dans sa vie politique et privée s'est incessamment montré soucieux du bien de l'humanité, frappé du merveilleux résultat obtenu par la jeune malade, l'engagea à publier un opuscule pour faire connaître ce mode de traitement : en 1856, parut une petite brochure sous le titre : *Une Saison à Cannes, en Provence.*

Cette publication, la première écrite sur Cannes fut suivie de bon nombre de Notices, Guides, etc. L'ouvrage érudit de MM. Girard et Bareste, *Cannes et ses environs*, a tellement distancé la modeste notice primitive, que l'auteur n'eût jamais pensé, sans l'invitation pressante de M. L. Brougham, à donner une nouvelle édition. En présence du développement rapide et important de cette localité, qu'il aimait tant, il jugea que Cannes était appelée à devenir tout aussi bien un séjour d'été qu'une station d'hiver, et voulut que le but principal de cette nouvelle édition fût d'insister sur les avantages qu'offre la charmante ville de

Cannes par sa position, son climat, sa plage sablonneuse, comme station balnéaire.

Les douloureux événements des années 1870 et 1871 et leurs tristes conséquences ne m'ont pas permis jusqu'à ce jour d'accomplir le vœu formulé par le protecteur de la ville de Cannes. Puisse à présent cette nouvelle édition, plus encore que la première, procurer à la grande famille des malades, le soulagement et la guérison que j'ai trouvés naguère sur cette plage bienfaisante et dans ce salutaire séjour !

Une Malade reconnaissante.

Paris. — Janvier 1878.

RENSEIGNEMENTS UTILES

TRANSPORTS

La ville de Cannes, chef-lieu de canton d'un des huit de l'arrondissement de Grasse (Alpes-Maritimes), est distante de Paris de 1057 kil. 194 de Marseille, 31 en deçà de Nice, chef-lieu du département. (Mesure du tracé ferré.)

Station du chemin de fer Paris-Lyon-Méditerranée. On y va par le Rapide de Paris en 20 heures 43 minutes et bientôt le trajet se fera plus rapidement encore,

Au moyen des voies ferrées et des bateaux à vapeur, on s'y rend facilement de tous les points de l'Europe.

LOGEMENTS

—

HOTELS ET PENSIONS

Boulevard de la Croisette

Hôtel des Princes.
Splendid Hôtel (sur les Allées).
Hôtel du Midi.
— Beau-Rivage.
— Gray et d'Albion.
— des Quatre-Saisons.
— Gonnet et de la Reine.
— Grand-Hôtel.
— de la Plage.
— Suisse (avenue Duboys d'Angers).
— de Genève (rue d'Oustinoff).
Pension Anne-Thérèse (rue d'Oustinoff).
Hôtel et pension Augusta (rue d'Oustinoff).

Route d'Antibes

Hôtel du Commerce et de l'Univers.
— de la Colonie.
— des Négociants et des Colonies.
— de Paris.
— du Luxembourg.
Pension d'Orléans.
— Capri.

Pension Saint-Maurice.

Hôtel Windsor.

— Mont-fleuri (chemin de Mont-Fleuri).

— Beau-Séjour (avenue Beau-Séjour).

— Saint-Charles.

— Desanges.

— de la Californie (boulevard de la Californie).

— d'Orient (Golfe-Juan).

Route de Fréjus

Hôtel du Square Brougham (boulevard du Midi).

— Bristol (rue Hibert).

— du Pavillon.

— de la Terrasse.

— Bellevue.

— Beau-Site.

— de l'Estérel.

— Garibondy.

Pension des Orangers.

— de l'Hôpital (rue de l'Hôpital).

— Italienne.

— Antonia.

— Anglaise.

— de la Tour.

Boulevard du Cannet

Hôtel et pension d'Angleterre.

— de France.

— Alsace et Lorraine.

Hôtel de Russie.
— Riche-Mont.
— de Provence (chemin du Cannet).
— des Anglais (chemin du Couvent).
— Paradis.
Pension Maison Giraud.
— Saint-Nicolas.
— Lérins.

Boulevard d'Alsace

Hôtel de la Paix.
— Saint-Victor.
— Wesminster.

Pension Bel-Air (chemin du Cannet).
Central-Hôtel (boulevard Saint-Nicolas).
Hôtel Beaux-Lieux (Vallergues).
Hôtel de la Méditerranée (rue du Gaz).
Pension pour Dames au couvent de la Présentation.
Table d'hôte et restaurant au Cercle Nautique.

En dehors des hôtels on trouve un grand nombre de villas meublées, appartements meublés et non meublés. Les locations des appartements non meublés sont annuelles, du 29 septembre, époque de la Saint-Michel, au 29 septembre suivant.

AGENCE DE LOCATIONS

Agence générale des Etrangers, rue d'Antibes, 2.
Agence des Deux-Mondes, rue de la Vapeur, 2.
Agence Centrale des *Echos de Cannes*, rue d'Antibes, 13.
Agence l'*Européenne*, rue Bossu, 9.
Agence Continentale, place du Chantier, 1.
Agence Anglo-Française, rue d'Antibes, 77.
Estate and house agency, nouvel Hôtel-de-Ville.
Agence Anglaise, rue de Fréjus, 11.

DIFFÉRENTS CULTES

CULTE CATHOLIQUE

Eglise paroissiale (Mont-Chevalier).
Chapelle de Notre-Dame de Bon-Voyage (boulevard de la Croisette).
— de Notre-Dame de la Miséricorde (rue des Marchés).
— de l'Hôpital.
— des Dames Auxiliatrices (boulevard d'Alsace).
— de Notre-Dame des Pins (boulevard des Pins).
— de Notre-Dame des Sept-Douleurs (boulevard du Cannet.

Chapelle des Petites-Sœurs des Pauvres (chemin de Monfleuri).
— du Couvent de la Présentation (chemin de Terrafial).

CULTE PROTESTANT

Temple du rit français, Eglise évangélique (rue Notre-Dame.)
Eglise réformée évangélique, Temple de la Rédemption (route de Grasse).
Temple du rit allemand (maison Crotte, route de Grasse).
Temples du rit anglican, Christ Church (route de Fréjus).
Trinity Church (rue d'Oustinoff).
— Saint-Paul's Church (boulevard du Cannet.
—
— du rit écossais, Scotsh Presbyterian Church (route de Fréjus).

INSTRUCTION PUBLIQUE

ET MAISONS D'ÉDUCATION

GARÇONS

Institut Stanislas, fondé par M. l'abbé Lalanne, ancien directeur du collége Stanislas de Paris. L'institut comprend une école professionnelle, une école secondaire et la préparation aux examens.

Institution Roblot (rue d'Antibes). Instruction supérieure ; externat et internat.

Collége anglais et français (villa du Grand-Hôtel).

Pensionnat Saint-Georges (4, rue de la Poste). Enseignement classique et professionnel. Pensionnaires et demi pensionnaires.

Ecole primaire communale, congréganiste (rue Forville).

Ecole primaire communale, laïque (Mont-Chevalier).

JEUNES FILLES

Couvent de la Présentation. Pensionnaires, externes. Un omnibus attaché à l'établissement fait la conduite des externes.

Pensionnat du Sacré-Cœur. Externes et demi-pensionnaires.

Pensionnat Vernet (boulevard du Cannet). Enseignement supérieur, langues vivantes, arts d'agrément.

Pensionnat Marie (rue Bivouac). Enseignement élémentaire et supérieur. Préparation aux examens.

On trouve aussi des professeurs pour leçons de langues, d'arts et de lettres.

POSTE AUX LETTRES

Six levées par jour.

TÉLÉGRAPHE

VOITURES

Omnibus de la Ville, du cours de Cannes à la villa Zima, route d'Antibes.
— du cours à la Verrerie, route de Fréjus.
— du cours à la Croisette.

Départs toutes les heures. — Prix des places. 30 centimes.

VOITURES DE PLACES (10 stations).

TARIF

VOITURES	JOUR				NUIT			
	Course		Heure		Course		Heure	
	fr.	c.	fr.	c.	fr.	c.	fr.	c.
Un cheval (2 places)............	1	»	2	»	1	50	3	»
Un cheval (4 places)............	1	25	2	50	2	»	3	50
Deux chevaux (4 places)........	1	50	3	»	2	50	4	»

OMNIBUS POUR LES LOCALITÉS ENVIRONNANTES

De Cannes à Grasse, 2 départs par jour (la place, 1 fr. 50).
— à Antibes, — (— 1 75).
— à Vallauris, — (— 1 »»).
— à Pégomas, — (— 1 50).
— à Valbonne, le mercredi et le samedi, 1 25).

Location de chevaux de selle et d'ânes.

BATEAUX

Bateaux à voiles, service public de Cannes à l'île Sainte-Marguerite ou vice-versa.

Départ de Cannes : matin, 6 heures 30 m.
— soir, 4 heures.
Départ de l'île : matin, 7 heures.
— soir, 1 heure.
Prix du trajet : 1 fr.

Bateau de plaisance à vapeur *Le Progrès*. — Excursion aux îles de Lérins ; départs de Cannes, le mardi, à 9 heures 1[2 du matin et à 1 heure 1[2 du soir. Retour le même jour. — Prix, aller et retour, 2 fr.

Excursion de Cannes au golfe d'Antibes. Départ le jeudi à 9 heures du matin. Retour du golfe à Cannes, à 3 heures. — Prix du voyage, 4 fr.

Bateaux de plaisance à volonté pour promenades. Barques coquettes et confortables. Location à la course, à l'heure, à la journée.

Un bateau à vapeur de la Compagnie Fraissinet, de Marseille, vient une fois par semaine à Cannes pour embarquer les marchandises; il prend des voyageurs pour Marseille.

RESSOURCES INTELLECTUELLES

Bibliothèque de Cannes (à l'Hôtel de Ville), 4,000 volumes. Ouverte le lundi et le jeudi, de midi à 4 heures. Moyennant une souscription, on peut emporter les livres à domicile.

Musée régional (Hôtel de Ville), public le dimanche, de midi à 3 heures. Ouvert aux étrangers en semaine, sur leur demande.

Société des sciences naturelles et historiques, des Lettres et des Beaux-Arts de Cannes et de l'arrondissement de Grasse (Hôtel de Ville), Bibliothèque, Musée régional. Conférences deux fois par mois. Souscription annuelle ou pour six mois, 10 fr.

Société agricole et horticole de Cannes et de l'arrondissement de Grasse (Hôtel de Ville). Expositions annuelles florales et maraîchères.

Pendant la saison d'hiver, conférences scientifiques et littéraires par des professeurs de passage, généralement parisiens.

Cercle Nautique de la Méditerranée (boulevard de la Croisette). Souscription : l'année, 150 fr.; le mois, 35 fr.; la semaine, 10 fr.

Vastes salons, salles de lecture, journaux français et étrangers, billards français et anglais. Fêtes, concerts, matinées dansantes, théâtre où l'on joue l'opéra-comique, les opérettes, le vaudeville.

Cercle philharmonique (sur les Allées). Salles de musique, de lecture, de conversation, de billard. Concerts. Souscription au mois, 5 fr.; pour la saison, 20 fr.

Cercle du Commerce et de la Marine (rue d'Antibes). Salles de consommation, de lecture, de billard, de jeux. Souscription mensuelle, 5 fr.

Cercle Cannois. Les étrangers y sont admis.

MUSIQUE

Théâtre en construction.

Casino-Théâtre (rue d'Antibes), Saynettes, opérettes, chansonnettes.

Concerts de la musique de Cannes. L'hiver, le dimanche, aux Allées. Le lundi et le vendredi, au jardin du Cercle Nautique (en cas de pluie dans les salons). Le mercredi, au square de Brougham.

Orphéon de Cannes.

DISTRACTIONS DIVERSES

Régates. — Courses de chevaux. — Tir aux pigeons, plaisir cruel que nous souhaitons vivement voir abolir.

Société des Jeux de Paume, de ballon, de criket, de croket, etc. (boulevard de Notre-Dame des Pins).

ADMINISTRATION

Justice de Paix. — Commissariat de police. — Consulat d'Italie. — Consulat d'Angleterre. — Caisse du Crédit de Nice. — Banque populaire de Cannes. — Trois banquiers. — Trois notaires.

NOURRITURE

Cannes est placée sur un des points les plus fertiles de la riche Provence. Les ressources y sont nombreuses et variées. Bonne viande de boucherie ; — poisson frais et salé ; pâtés d'anchois et de thon particuliers à la localité ; — gibier des montagnes du Var et de l'Estérel ; — Huile excellente ; — légumes frais ; l'hiver, petits pois, artichauts ; l'été, courges, aubergines, tomates : celles-ci, dites pommes d'amour, ont une saveur exquise, dans le pays on les mange crues en salade ; — fruits abondants : oranges, citrons, dattes, figues, abricots, melons, pastèques. Le raisin conservé est presque aussi bon que frais. — Le vin de Bellet (côte du Var) est très estimé. En sus des productions du terroir, il y a des magasins de comestibles fournis des denrées et aliments de toutes les provenances étrangères. A Cannes, comme à Paris chez Chevet, chez Potel et Chabot, vous trouvez : volailles de Bresse, pâtés de foie gras de Strasbourg, de canards d'Amiens, d'alouettes de Pithiviers. Poisson de l'Océan. Saumon frais et salé. Charcuterie d'Aix, de Lyon, de Troyes. Conserves de toutes sortes : viande, légumes, fruits. — Pâtisseries fines. — Glaces tous les jours ; on peut même les consommer dans les salons des boutiques de pâtisseries. — Vins de toutes provenances, à tout prix. — Liqueurs.

HYGIÈNE

Plusieurs établissements de bains. — Bains d'eau de mer, d'eau douce, de vapeur, sulfureux, bains turcs, bains aromatisés : à l'eau de rose, d'œillet, de feuilles d'oranger. Bains à domicile.

Massage. — Hydrothérapie. — Gymnase médical.

Pharmacies françaises, anglaises, homœopathiques.

Médecins français, anglais, allemands. Médecins homœopathes.

Sœurs de Bon-Secours, gardes-malades à domicile.

MAGASINS

Nouveautés. — Modes. — Chaussures. — Teinture. — Tailleurs. — Couturières. — Coiffure. — Fleurs. — Horlogerie et bijouterie. — Coutellerie. — Quincaillerie.

— Dorure. — Sellerie et harnacherie. — Armes. — Maréchaux-ferrants. — Vétérinaires.

CONSTRUCTIONS

ARCHITECTES

Tous les corps d'état pour la construction : maçons, charpentiers, tailleurs de pierres, serruriers, menuisiers, peintres, sculpteurs, ébénistes, décorateurs.

Fours à chaux, à plâtre.

Construction de yachts.

LOCATIONS ET AMEUBLEMENTS DIVERS

Les tapissiers louent des ameublements au mois, à la saison.

Location de pianos, de fleurs.

Librairies françaises et étrangères. Abonnement à la lecture. Journaux français et étrangers. Papeteries de luxe.

Cet exposé montre que Cannes, aussi bien dotée sous le rapport du climat que Nice, sa voisine et émule, n'a rien à lui envier au point de vue des ressources matérielles et intellectuelles. L'étranger qui y passera la saison d'hiver et le colon qui y est fixé, sont assurés de trouver à toutes les époques de l'année, en sus de l'influence salutaire du climat, les auxiliaires qui contribuent au maintien de la santé, à la vie du corps et à celle de l'esprit.

CANNES

I

SITUATION, CLIMAT, MONUMENTS, VILLAS

Cannes a été posée par la main du Créateur dans un des sites les plus riants que l'imagination puisse rêver : sur le rivage d'une mer, dont l'azur se confond avec celui du ciel ; au bord d'une baie, bordée d'oliviers, d'orangers, de palmiers, de pins parasols ; en face de deux îles, scintillant comme des émeraudes aux feux du soleil provençal ; d'un côté des montagnes, de l'autre cette mer paisible que Napoléon aimait à nommer le *lac français* ; un soleil radieux, des arbres toujours verts, une atmosphère tiède et embaumée, des fruits, des fleurs, de la vie, de la lumière, de la chaleur, tel est le climat privilégié de Cannes, tel est son site enchanteur. C'est le *ver æternum* des poëtes, la gracieuse fiction du printemps éternel y devient une douce réalité. La neige qui couronne à l'horizon la cime des montagnes, ne nuit pas à la végétation luxuriante de la plaine, et ajoute à tant de beautés le charme puissant du contraste; en toute saison, la terre est émaillée de fleurs, c'est la nature dans toute sa magnificence, comme dans son déshabillé charmant.

A l'approche de l'hiver, avant de pénétrer dans ces riantes contrées, le voyageur qui descend du Nord, ou celui qui quitte la ligne de Genève par Aix-les-Bains, est saisi d'admiration à la vue de ces gares du chemin de fer Paris-Lyon-Méditerranée, Marseille, Toulon, Fréjus, si richement ornées de fleurs et de verdure : au sortir des brouillards de Londres et de Paris, des neiges et des glaces de la Savoie, il se sent tout-à-coup et comme par enchantement réchauffé au beau soleil du midi; sa vue se délecte à contempler les rosiers en fleurs et tous les gracieux arbustes exotiques entretenus à si grands frais par les soins attentifs de la Compagnie.

Le site privilégié de Cannes offre de l'attrait pour tous, de la vie pour les êtres souffrants, de l'intérêt pour les savants, des beautés de premier ordre pour les touristes. Que peut désirer de plus le convalescent? sur quelle plage le retour à la vie pourra-t-il lui paraître plus précieux et plus doux? Est-il un sol, qui offre au peintre et au touriste des paysages plus variés et plus beaux? au minéralogiste, au géologue, au botaniste, des explorations aussi intéressantes? Une terre où l'oisif puisse goûter plus paisiblement les délices du *far niente?* Il faut aller jusqu'au golfe de Naples, aux rivages de l'Attique, ou sur les bords du Bosphore, pour trouver un site comparable à celui de Cannes. Si l'Ecriture Sainte n'avait placé l'Eden dans l'Asie-Mineure, le touriste charmé, le malade reconnaissant n'hésiteraient pas à proclamer que le Jardin de Délices de nos premiers parents ne fût sur la plage fortunée de Cannes ; et elle mériterait de s'appeler *Cannes-la-Belle*, avec non moins de droits que *Mantes-la-Jolie !*

CLIMAT. — Le climat est doux ; la neige et la glace y sont à peu près inconnues (1). En hiver la température est de 12 à 15 degrés centigrades dans la journée ; et le thermomètre descend rarement au-dessous de 8 degrés. En été la brise de mer atténue les ardeurs du soleil, le thermomètre varie entre 25 et 28 centigrades, et ne monte pas au-delà de 30, même quand à Paris, ou à Rome, comme l'été dernier, on en avait 36.

La persistance du mauvais temps y est fort rare, la pluie ne tombe avec quelque durée qu'au mois d'octobre, et on voit souvent s'écouler cinq mois, six mois, huit mois sans une averse.

La petite ville de Cannes est protegée des vents du nord et de l'est par une double ceinture de collines et de montagnes, dont les ondulations se rallient aux Alpes-Maritimes. La chaîne de l'Estérel d'une altitude de 1,329 mètres qui, du côté ouest, s'avance de plus de dix kilomètres dans la mer, sert de barrière au

(1) Les vieilles maisons de Cannes n'ont pas de cheminées. On n'a commencé à en placer que depuis une trentaine d'années dans les maisons destinées aux étrangers.

terrible mistral (1). Ce n'est pas à dire que ce fougueux fils d'Eole ne franchisse jamais ce rempart. Il souffle de temps à autre à Cannes, surtout au mois de mars; mais il n'y fait pas élection de domicile comme dans la cité phocéenne. Au midi les îles de Lérins, puis à l'est le cap de la Croisette et la chaîne de l'Estérel à l'ouest, refoulent les tempêtes vers la haute mer, et ne laissent pénétrer sur ce rivage charmant que les enivrants parfums de la brise embaumée.

Quoique les sources d'électricité soient puissantes dans ce pays, où elles témoignent de leur action par l'activité et le luxe de la végétation, les commotions électriques sont peu à redouter; les nuées, refoulées vers les montagnes par les vents marins, vont s'y décharger. Il est juste d'ajouter que les personnes nerveuses souffriront, l'été surtout, du mal que fait l'orage, la pesanteur de l'air saturé d'électricité, sans éprouver le soulagement produit par le déchirement de la nuée.

Le territoire de Cannes n'étant traversé par aucun torrent considérable, les variations de l'atmosphère y sont moins brusques et moins fréquentes que dans la plupart des stations hivernales du littoral méditerranéen coupées par des cours d'eau intermittents. De plus, ce bassin se trouve à l'abri des courants d'air qu'occasionne généralement le lit des torrents, et de la *malaria*, ou exhalaisons paludéennes fertiles en fièvres aux époques de sécheresse.

(1) Voir la note 1 à la fin du volume.

Les épidémies, qui du moyen-âge à nos jours sévirent avec tant de rigueur sur les côtes de la Provence et en Italie, ont toujours respecté le territoire de Cannes. Une seule fois en 1580, la peste, *puisqu'il faut l'appeler par son nom*, apportée par un navire lévantin, y fit quelques victimes ; mais les ravages de ce terrible fléau ne sauraient être comparés à ceux qu'il exerça, à diverses époques à Milan, à Marseille. Aussi la petite ville provençale dont nous nous occupons, ne peut-elle s'enorgueillir du dévoûment d'un Charles Borromée, d'un Belzunce. Quant au choléra, il n'a jamais pénétré à Cannes, et de mémoire d'homme, on n'y peut citer aucune épidémie.

La nature perméable du sol ne laisse pas séjourner l'humidité ; l'air, purifié par le voisinage des forêts de pins, de chênes-liège et des grands bois, y est très salubre.

CANNES, chef-lieu d'un canton dont la population fixe est aujourd'hui de 14,000 âmes et la population flottante varie annuellement entre 5 et 6000, n'était, il y a un demi-siècle encore, qu'un pauvre bourg, habité par des pêcheurs et resserré au quartier *du Suquet* (1). La création du port en 1838 a commencé à lui donner un peu d'importance ; mais cette délicieuse oasis, comme une foule de localités riantes de la Rivière de Gênes, serait restée longtemps peut-être

(1) « Le *Suquet*, curieux quartier avec ses maisons agglomérées, ses « rues étroites, ses portes basses et ses ravissantes jeunes filles, belles « comme des visions, pieuses comme des madones et chastes comme « l'oranger de nos jardins » a dit un Cannois épris de son pays.

ignorée si lord Brougham ne l'eût tirée de l'oubli (1). Quatre ans avant la construction du port, l'illustre chancelier anglais, conduisant en Italie sa fille unique atteinte d'une maladie de poitrine, traversait Cannes en chaise de poste. Frappé de la beauté du site il interrompt son voyage, étudie le pays, et se décide subitement à s'y établir avec la jeune et intéressante malade ; il jette les fondements d'une belle villa dont la jeune anglaise ne vit pas hélas ! l'édification complète ; en souvenir de cette fille bien-aimée, il nomma le château : Eléonore-Louise. Le séjour de lord Brougham à Cannes fut le point de départ d'une transformation complète : les terrains acquirent de la valeur ; des dunes énormes aplanies sous la pioche firent place à de coquettes habitations ; les villas semblaient sortir du sable, s'élever du milieu des bouquets de pins et de chênes-liège ; l'élan donné ne s'arrêta plus, et chaque année on voit construire de nouveaux hôtels, de nombreuses villas. Bon nombre de valétudinaires suivirent l'exemple de lord Brougham : partis pour Sienne, Pise, Naples, ils s'arrêtèrent à Cannes et devinrent les colons de la ville naissante. Sa position, qui est une longue et large plaine au bord de la mer, permit de multiplier les bâtisses sans nuire à la salubrité de chacune d'elles ; dès lors, on s'y livra avec succès à la culture des fleurs pour la distillation ; d'anciennes fabriques y furent transférées de Grasse, on en fonda beaucoup de nou-

(1) Voir la note II à l'appendice.

velles si bien que Cannes aujourdh'ui est une émule de Grasse, cette ville qui depuis des siècles vit de fleurs et de parfums! Comme Nice, Cannes voit affluer l'hiver, de tous les points du Nord de l'Europe et même de l'Amérique septentrionale, une nombreuse population cosmopolite. Lord Brougham n'en est pas moins le véritable auteur de la richesse du pays. Cannes reconnaissante s'est toujours plu à le proclamer son fondateur, et à dire de lui ce que Philippe II disait de Ferdinand-le-Catholique : « Voilà celui au-« quel nous devons tout et qui est le héros de notre « renommée. » Que n'a-t-elle pu, cette ville aimée du soleil, en échange de tant de bienfaits, concéder au célèbre lord le don qu'il lui demandait à l'exclusion de tous les autres, la vie de sa fille unique !

MONUMENTS. — La nomenclature n'en sera pas longue. L'archéologie ne trouve pas à Cannes même, comme sur des points environnants, à Grasse, Auribeau, Vallauris, Vence, la Napoule, et surtout à Fréjus, les traces du séjour des Romains. Sur le monticule appelé *Mont-Chevalier* (1), du nom d'un préfet du Var sous la Restauration, s'élève 1° l'*Eglise* paroissiale, style roman du dix-septième siècle, elle n'offre de remarquable qu'un tableau de maître, saint Pierre repentant ; 2° la petite *chapelle Sainte-Anne*, qui date du treizième siècle ; 3° les ruines des constructions féodales établies par les abbés de Lérins, notamment *la Tour*, construite pour servir de poste militaire d'observation

(1) Voir la note III à l'Appendice.

et de lieu de refuge (1). Cette ruine dénudée, de forme carrée, lourde, sans style ni ornement, ne doit qu'à son utilité comme signal de navigation l'honneur d'être restée debout ; toute pauvre qu'elle est, elle se détache pittoresquement dans le panorama de Cannes, domine la baie et forme un second plan entre le rivage et l'Estérel. On peut juger de cet effet par les photographies de Cannes.

De l'éminence du Mont-Chevalier, on jouit d'un point de vue magnifique : un cri d'admiration et d'amour s'échappe du cœur ; avec l'auteur du *Génie du Christianisme* « On remercie Dieu d'avoir fait le « monde si beau, et d'avoir donné à l'homme un « esprit pour comprendre ses œuvres, une âme pour « le bénir. »

Aussi toute fière des avantages de son site et de son climat, Cannes montre-t-elle avec coquetterie les villas des opulents colons, qui sont venus des brouillards de la Seine et de la Tamise, des rives glacées de la Néva, demander l'air chaud et le soleil à ce ciel privilégié.

(1) Des fortifications élevées par les abbés commendataires de Lérins, on voit encore des murs d'enceinte, les ouvertures pratiquées pour recevoir les chaînes du pont-levis, une petite maisonnette entourée de maisons modernes. La Tour, commencée en 1070 par l'abbé Aldebert II, ne fut terminée que 300 ans plus tard, par l'abbé Jean de Thornafort. Par la nature et la taille de la pierre, cette construction ressemble à la grosse tour du monastère de Saint-Honorat. Elle entrait comme celle-ci dans une ligne de signaux avec les châteaux-forts du littoral de la Provence. Endommagée par la foudre en 1786 et en 1796, elle était encore couronnée de ses machicoulis en 1825, quand le propriétaire commença à l'abattre; l'œuvre de destruction fut arrêtée par les réclamations des marins.

VILLAS. — Elles sont nombreuses ; les décrire, ou même simplement les énumérer nous entraînerait hors du cadre de cet opuscule, destiné surtout aux malades et aux convalescents. Les Étrangers, que ces détails intéressent, pourront consulter *Cannes en Poche*. C'est un bon *vade-mecum*, d'une exactitude irréprochable, car il est réédité annuellement. L'usage général d'inscrire le nom des villas sur la porte d'entrée facilite aux promeneurs la connaissance de ces nombreuses habitations. Nous nous bornerons donc à citer les quatre villas et châteaux, les premiers par date de construction.

CHATEAU ELÉONORE-LOUISE. — Comme nous l'avons déjà dit, ce château fut élevé par lord Brougham (1834) au milieu de superbes massifs d'orangers ; le chancelier anglais trouvait tant de charme à reposer ses yeux sur ces fruits d'or, qu'il défendait de les cueillir. Un portail d'architecture grecque supporte une large terrasse à l'italienne, d'où la vue s'étend sur un des points les plus ravissants du golfe de Cannes : les rochers de la Bocca, la baie de la Napoule et la chaîne légèrement nuageuse de l'Estérel. C'est dans cette riante demeure qu'après les luttes oratoires, le retentissement des triomphes parlementaires, l'homme d'État aimait à goûter le calme de la retraite, le silence ami de l'étude. Sur la porte du jardin faisant face à sa villa, il avait fait graver cette inscription :

Inveni portum,
Hic sedes, hîc requies.

Chateau Saint Georges. — Il fut construit peu après le château Eléonore-Louise par le général Taylor, ami de lord Brougham, et appelé par lui dans la riante contrée où il avait posé sa tente (1). Lady Taylor, très gravement malade avant son arrivée à Cannes, y mourut, et le général aussi, avant d'avoir fini l'édification du château. M. Woolfield acheta ce commencement de bâtisse et le termina. Sir Woolfield fut le troisième colon anglais fixé à Cannes (2). Il n'a cessé de rivaliser de zèle et de générosité avec son illustre compatriote, pour aider au développement et à la prospérité de ce pays, devenu pour ces généreux colons une seconde patrie. Le château Saint-Georges est aujourd'hui la propriété de M. le duc de Larochefoucaud-Doudauville. Les jardins sont ornés d'arbustes et de plantes des tropiques, on y voit le poivrier au léger feuillage et une immense variété de mimosas.

Villa Victoria bâtie par Sir R. Woolfield, avec un temple anglican du même style.

Chateau des Tours (d'abord appelé Chateau Sainte-Ursule) géant de pierres, qui, par ses murs crénelés, ses tours dentelées, paraît être une évocation des temps féodaux. A ses pieds se déroulent de vertes pelouses ;

(1) « Secrétaire particulier des trois rois, Georges III, Georges IV, « Guillaume IV, estimé, respecté de tous les partis et par tous les hommes « d'Etat, ayant pendant plus de trente ans rempli cette charge de secré- « taire, trouvé beaucoup d'occasions de gagner de l'argent, le général « Taylor, d'un désintéressement rare et d'une probité à toute épreuve, n'a « laissé à sa famille que la somme pour laquelle il avait assuré sa vie. » Lettre de lord Brougham à l'auteur d'*Une Saison à Cannes*, novembre 1865.

(2) Voir la note IV.

le palmier dresse partout sa tête majestueuse ; une route artistiquement tracée y déploie ses méandres capricieux. Du milieu de ces rocs sauvages, de ces buissons fleuris, où la rose s'entr'ouvre à l'ombre du bananier, on contemple, comme du château Eléonore-Louise, les rivages de la Bocca et le profil sévère de l'Estérel. Ce château, édifié par Sir R. Woolfield, appartient, depuis nombre d'années, à M. le duc de Vallombrosa. Le duc est président du Cercle Nautique, du Sportman. Son nom et celui de la duchesse (née des Cars) sont inscrits en tête de toutes les œuvres de bienfaisance.

VILLA ALEXANDRA. — De style mauresque, elle fut bâtie la quatrième par ordre de date, et par M. Tripet-Skrypitzine, d'origine parisienne, banquier à Saint-Pétersbourg. Une immense plate-forme, une façade, dont les fines sculptures imitent le merveilleux travail de la dentelle, rappellent l'architecture de Grenade, de Séville, de Cordoue. L'intérieur de la villa est richement décoré de stucs d'un bel effet. Un minaret, placé à un angle de la plate-forme, élève dans les airs sa pointe surmontée du disque échancré du Prophète. La glace, ingénieusement disposée dans le salon, reflète l'île Sainte-Marguerite, son château-fort, sa forêt. Au temps de la détention des Arabes, le costume des Bédouins, leurs mouvements, leurs attitudes donnaient de l'animation aux images reflétées dans la glace ; on aurait pu se croire sur le sol africain. Que de fois, les yeux fixés vers le croissant de la villa Alexandra, sous un ciel semblable à celui de la patrie, l'Arabe captif a soupiré après l'oasis, peut-être aussi après les steppes du désert !

L'étranger qui revient annuellement à Cannes, à l'entrée de l'hiver, y découvre toujours de nouvelles constructions. Hôtels, villas, châteaux, kiosques, châlets, tourelles, ces bâtisses s'élèvent comme par enchantement : les unes rappellent le style de la Grèce, celui de la Renaissance ; d'autres les motifs fantasques et bizarres du Moyen-Age. Ces habitations multiples, originales, fantaisistes semblent posées par la main des fées ; au milieu de la verdure éternelle de l'olivier, du citronnier, du jujubier, du laurier, sous un ciel bleu, près du miroir azuré de l'onde méditerranéenne, elles produisent un effet magique ; on se demande s'il faut croire à une vision des *Mille et une Nuits*, ou bien à une splendide réalité !

« Cannes, c'est le pays du soleil, le berceau de la « vie ; Cannes, c'est Madère moins la fièvre jaune, c'est « la Corse moins la vendetta, c'est la Suisse moins le « froid, c'est Baden moins la neige, c'est l'Italie moins « la malaria, la Grèce moins les voleurs, l'Asie moins « la peste, l'Afrique moins le simoun ; c'est l'Eden de « l'Europe. (1) »

Nous croyons ne pouvoir mieux terminer cet aperçu des beautés du site et des avantages du climat que par ces lignes enthousiastes, tracées par un Cannois admirateur passionné de son pays, qu'il revoyait après dix ans d'absence.

(1) Extrait d'une lettre aux Cannois parue dans la *Revue de Cannes* du 11 novembre 1869.

II

BAINS DE MER. — INSOLATIONS SABLONNEUSES. — EFFETS GÉNÉRAUX DU CLIMAT. — BAINS DE MARC D'OLIVES. — PRÉCAUTIONS SPÉCIALES.

Nous ne vanterons pas les bains de mer, ils sont devenus une nécessité de notre époque : l'usage, la mode, plus encore que la santé, exige qu'à la belle saison chacun prenne son vol vers une plage de l'Océan. Mais l'espace est devenu insuffisant pour le nombre toujours croissant des baigneurs ; et cependant combien de petits ports, à peine connus de nom il y a vingt ans, ont été pour ainsi dire découverts par de vrais malades qui, voulant s'affranchir du luxe et des plaisirs de la capitale, préféraient la cabane du pêcheur au somptueux hôtel, et recevaient de leurs hôtes des soins aussi bienveillants que désintéressés. Où trouver aujourd'hui ces solitaires et délicieux séjours ? Tout est envahi, tout est encombré dans le nord ; c'est le moment de se diriger vers les rivages de la Méditerranée.

Cannes, si appréciée comme station d'hiver, est en

comparaison peu fréquentée à l'époque des bains de mer, on préfère d'ordinaire les côtes de la Normandie et celles de la Bretagne; les rayons déjà chauds du soleil d'hiver en Provence y font redouter les ardeurs de la Canicule; c'est un tort : le Pondérateur suprême de la nature a, en raison même de l'intensité des rayons solaires, départi sur le littoral méditerranéen une brise plus forte et plus rafraîchissante. Les baigneurs qui ont passé plusieurs étés sur les rivages provençaux, peuvent soutenir sans paradoxe qu'à température égale la chaleur est plus supportable sur les plages du midi que sur celles du nord; par exemple à Cannes, à Nice, à Toulon, à la Ciotat, qu'à Dieppe, à Trouville, à Cherbourg, à Saint-Nazaire; et de plus on peut affirmer que le thermomètre ne monte pas aussi haut sur le bord de la Méditerranée que sur certaines plages du Nord et de l'Ouest.

Cannes serait plus recherchée comme station balnéaire si l'on tenait compte des avantages de sa situation, à savoir : une plage sablonneuse, qui s'étend de la Napoule jusqu'à l'extrémité de la Croisette; de nombreux et confortables hôtels, situés sur le rivage même; la facilité de se baigner à ses heures, sans être assujetti aux variations de la marée; enfin la modicité des prix pendant la saison d'été. Ce point de vue économique mérite d'être pris en considération, autant par la Colonie Etrangère qui aurait passé à Cannes ses quartiers d'hiver, que par les baigneurs embarrassés du choix d'une plage. Les premiers utiliseront ainsi doublement leur voyage; les seconds retrouveront les frais de déplacement par les économies réalisées pendant leur séjour.

La douceur du climat permet de devancer de deux mois la saison des bains de mer et de les continuer jusqu'au 15 octobre. Les rayons solaires n'étant pas interceptés par des vapeurs brumeuses, maintiennent en hiver une température douce et égale dans la mer, et permettent de se baigner même en cette saison. Il faut ajouter toutefois que les intrépides baigneurs sont d'ordinaire des Anglais.

La Méditerranée n'offre pas l'action de la lame, si efficace dans certaines affections ; mais d'habiles praticiens ont observé que le défaut de cette action était compensé par des avantages sérieux, tels que : 1° l'absorption de principes salins, rendue plus grande et plus facile par la température élevée du midi ; 2° la possibilité, pour les personnes débiles et impressionnables à l'action du froid, d'opérer plus facilement la réaction et aussi de faire une plus longue immersion ; la température de la Méditerranée étant de 4 à 6 degrés centigrades plus élevée que l'Océan, et à Cannes de 6 à 8.

INSOLATIONS SABLONNEUSES. — La plage de Cannes présente pour les insolations sablonneuses, en raison de son climat et de son site, les meilleures conditions de succès : un bon soleil que n'obscurcit aucun nuage ; un sable fin, qui, laissant moins de passage à l'air extérieur, concentre mieux la transpiration ; l'étendue, la profondeur du banc ; le rivage protégé d'un côté, à l'est par un cap, de l'autre, à gauche, par une chaîne de montagnes, se trouve ainsi à l'abri des vents les plus nuisibles ; à l'effet de ces insolations, tout concourt à assurer les résultats les plus satisfaisants. Ce mode de traitement peu usité encore, se généralisera certainement quand la science médicale en aura fait l'objet d'études particulières. Un éminent professeur de la Faculté de Médecine de Paris, le docteur Jules Cloquet, a observé que les Arabes nomades se guérissent de douleurs et autres maladies causées par le refroidissement, en restant des heures entières plongés dans le sable brûlant. Ce traitement primitif est pour eux une panacée universelle. Le séjour que l'illustre maître fait annuellement au fort Lamalgue, à Toulon, lui permet de continuer ses observations sur les bains de sable ; il s'en est fait le promoteur, en constate des effets surprenants, et vante en ces termes l'efficacité du traitement : « Cherchez-« vous à recouvrer une santé perdue ? Je vous dirai : « Ensablez-vous ! Voulez-vous conserver un bon tem-« pérament ? Je vous dirai encore : Ensablez-vous ! » Tout ami qu'il est de l'insolation, il la conseille uniquement sur les plages de la Méditerranée.

On pratique ce traitement avec succès dans tous les cas d'affections rhumatismales et névralgiques aiguës ou chroniques : « la sciatique, les paralysies, les ma-« ladies des os, celles de la colonne vertébrale, dans les « affections variées résultant des troubles du système « lymphathique portant sur les ganglions ou ailleurs. « Le sable de mer a la propriété de résoudre les engor-« gements de toute nature, rétablir la circulation des

« liquides et de l'influe nerveux, ou l'activer là où be-
« soin est (1). » Son action est double, il épure par la sudation abondante qu'il provoque, il fortifie par l'absorption des principes salins, et chose surprenante, le sable brûlant combat l'inflammation.

L'efficacité de cette médication a été constatée dans des cas où l'eau de mer et les sources minérales et thermales avaient été impuissantes. On cite à Cannes des cures merveilleuses, dont voici quelques exemples : une paysanne atteinte de rhumatismes articulaires fut guérie radicalement à la huitième insolation ; une jeune personne paralysée des deux jambes, en a recouvré complètement l'usage à la suite d'insolations pratiquées pendant les mois de juin, juillet, août ; un Polonais, chez lequel une maladie de l'épine dorsale avait amené l'atrophie des jambes devenues froides et molles, sentit revenir un peu de chaleur aux membres à la cinquième insolation. Pour moi, je ne saurais trop préconiser ce traitement, dont j'ai éprouvé à trois reprises différentes de si bons effets. Atteinte d'une névralgie rhumatismale au genou, compliquée d'inflammation et de gonflement, n'ayant pas posé le pied à terre depuis quatre ans, menacée même de l'amputation, j'arrivai à Cannes en 1852, après avoir expérimenté en vain toute espèce de traitement ; à la cinquième insolation je pus appuyer le pied à terre, commencer à marcher avec des béquilles, et à la quinzième insolation je les quittais. Le sirocco, qui souffla avec violence au printemps

(1) Note communiquée par le Docteur F***, de Paris.

à Nice, où je passai l'hiver, m'occasionna une rechute ; revenue à Cannes en juillet, je pris des bains de sable, et déposai mes béquilles pour ne plus les reprendre désormais. L'été suivant, tant pour parfaire ma guérison, que pour revoir les bons Cannois qui m'avaient témoigné une sympathie si douce à l'heure de la souffrance, je repris une troisième saison d'insolations sablonneuses ; et depuis ce temps l'usage du membre malade m'est complètement rendu : la rotule menacée d'ankylose est souple et mobile, la jambe n'a subi aucun raccourcissement, n'a pas gardé la plus légère claudication. Les soins intelligents et dévoués de feu M. le docteur Sève ont contribué largement aux bons résultats du traitement. Il a constaté ma guérison dans sa *Notice médicale sur le climat de Cannes.*

Non ignara mali... Je ne saurais trop recommander la persévérance. L'insolation n'agit pas toujours aussi rapidement chez les uns que chez les autres ; la persévérance, que l'on peut considérer en général, et surtout dans ce cas particulier, comme un des agents le plus puissant du succès, est rarement mise en pratique dans les affections de longue durée, et cependant, selon le mot heureux du professeur Cloquet : « au mal chronique, il faut opposer le courage chronique. »

L'efficacité constatée, voyons le mode d'application. Il paraît simple au premier abord : jeter une tente sur quelques pieux fortement assujettis ; se faire couvrir de sable le membre malade, ou le corps entier, selon que l'on veut combattre une affection locale, ou une tendance générale ; avoir soin d'écarter de la tente les rideaux, de manière à laisser pénétrer les rayons solaires indispensables pour maintenir le sable à une température égale ; mettre une compresse d'eau froide sur le front, pour éviter la réaction au cerveau ; rester environ une heure dans cette position pénible et douloureuse, il faut le dire ; s'envelopper ensuite dans une couverture de laine, et demeurer sur le matelas posé sous la tente jusqu'à ce que la transpiration s'arrête naturellement. (Dans cet état il serait dangereux de s'exposer à l'air et de regagner sa demeure). Tout ceci paraît d'une exécution simple et facile, et le malade auquel on conseille l'insolation croira pouvoir se gouverner seul. Qu'il s'en garde bien : une direction prudente et basée sur l'expérience est de toute utilité. Ce traitement, si efficace en lui-même, devient funeste et pernicieux s'il n'est employé dans les conditions voulues. Les médecins de la localité se sont occupés spécialement de cette médication, et peuvent inspirer toute confiance.

Les insolations sablonneuses ne doivent être pratiquées que du 15 juin au 15 septembre, et les jours seulement où il y a absence complète de vent et d'humidité sur la plage. Lorsque le vent d'Est souffle, il arrive que le sable échauffé par le soleil est brûlant à la surface, mais humide à une profondeur de deux ou trois centimètres ; dans ces conditions atmosphériques, il faut se garder de l'insolation, elle serait fort nuisible.

Pour obtenir un résultat satisfaisant, il importe de se mettre aussi soigneusement en garde contre l'exagération que contre le manque de persévérance : c'est une erreur assez générale de croire qu'en tout genre de traitement, en multipliant les bains ou bien en les prolongeant au delà de la durée prescrite, on obtient plus vite la guérison ; loin de là ; pratiquée sans discernement, cette médication puissante peut provoquer une recrudescence du mal, ou des accidents cérébraux.

Souvent, au sortir de l'insolation, quand le corps est dans un état complet de sudation, le médecin conseille de plonger le malade deux ou trois fois dans la mer. Ce complément de traitement réussit aux personnes assez valides pour se livrer après l'immersion à un exercice capable de provoquer la réaction. A moins de l'avis formel du docteur, je crois plus sage de pratiquer l'insolation à sec. Ce conseil de prudence m'est suggéré par le fait suivant, dont j'ai été témoin : une jeune fille, atteinte de douleurs articulaires générales, privée de l'usage des mains et des jambes devint complètement paralysée, n'ayant pu opérer la réaction. Sauf quelques rares exceptions dues à l'imprévoyance ou à l'exagération, le sable est une médication bienfaisante. Aussi terminerai-je ces considérations, comme je les ai commencées, en répétant le mot du célèbre professeur : « Ensablez-vous !

EFFETS GÉNÉRAUX DU CLIMAT DE CANNES. — Le climat seul, sans le secours d'aucun autre traitement, apporte du soulagement aux maladies des voies respiratoires l'asthme, le catarrhe ; il fortifie les tempéraments primitivement faibles, ou débilités. Les docteurs qui ont écrit sur le climat de Cannes, le docteur Buttura, le docteur de Valcourt, le docteur Whiteley de Londres, le docteur Viguès de Paris, le docteur de Saint-Laurent médecin de la Salpêtrière, le docteur Calvy médecin de l'hôtel-Dieu de Toulon, le docteur Sevè de Cannes, et d'autres praticiens qui ont relaté des observations basées sur l'expérience, sont unanimes à reconnaître les effets surprenants du climat sur les maladies de poitrine. Les émanations thérébentineuses des pins aident puissamment la cicatrisation des excavations pulmonaires : on conseille aux malades la promenade sous les pins, et de faire placer dans leurs chambres des écorces de ces arbres. Ainsi la nature riche et bienfaisante a doté Cannes des ressources thérapeutiques qu'on recherche à grands frais dans les salles d'inhalation. Malheureusement on envoie trop souvent les malades, quand ils sont devenus incurables : si aux moindres symptômes de cette cruelle affection, on les dirigeait vers ce climat régénérateur, on éprouverait plus souvent cette satisfaction de voir un fils unique, objet de la tendresse de sa mère, légitime orgueil de son père, rendu à ses parents, et d'intéressants petits êtres encore au berceau, auxquels on épargnerait pour l'avenir ce qu'il y a d'amertumes cachées et d'angoisses profondes dans ce mot : Plus de mère !

Le climat de Cannes est souverain aux natures malingres, dont les indispositions n'ont pas de caractère fixe et particulier, mais qui sont atteintes d'une atonie générale. Plantes qui végètent dans nos contrées septentrionales, et se raniment aux rayons doux et vi-

vifiants du soleil du midi ! Celles-là peuvent se contenter des *bains d'air,* et certes ils ne manquent pas de charmes : un ciel d'azur, une douce brise, une atmosphère tiède et embaumée, une nature fraîche et souriante, tels en sont les éléments. Ce climat modifie avantageusement les tendances à l'hypocondrie, au spleen qui n'est plus le partage exclusif des fils de la brumeuse Albion, mais dont plus d'un français est atteint, depuis que l'agitation de la vie, la multiplicité des affaires, le besoin des jouissances, enfin l'*auri sacra fames* fatigue les esprits autant que les corps. Sous ce ciel enchanteur, en présence de cette nature qui semble toujours en fête, l'esprit se repose, les idées noires se dissipent ; on se sent plus content de soi et des autres, insensiblement gai, et disposé à accepter l'axiôme du philosophe optimiste : « Tout est pour le mieux dans le meilleur des mondes possibles. » Pour ces imaginations malades, l'équitation, la promenade, la pêche, la navigation complètent cet ensemble de thérapeutique facile et amusante.

Des avantages ci-dessus énumérés, il ne faudrait pas conclure que le climat du midi soit une panacée universelle ; on ne doit y recourir qu'avec beaucoup de ménagement dans certaines affections nerveuses portées à l'inflammation, et reconnaître qu'il est contraire aux maladies où il ne faut pas donner trop d'activité à l'économie en général.

BAINS DE MARC D'OLIVES. — Les personnes atteintes de douleurs rhumatismales, qui ne se trouveraient pas à Cannes dans la saison d'été propre aux insolations, pourront compenser ce dommage par les bains de *marc d'olives*. Comme pour les bains de sable, le malade devra faire usage de l'immersion ; elle sera partielle ou générale selon la nature du mal. A l'époque de la fabrication de l'huile, on se rend à un moulin à olives ; on fait placer dans une baignoire, ou un ustensile quelconque en bois ou en zinc, une certaine quantité de marc d'olives sortant du pressoir ; et, pour le mettre en fermentation, on jette dessus de l'eau bouillante du pressoir, le moins possible, assez seulement pour échauffer ce marc. On couvre de ce mastic les membres malades, ou le corps entier, selon que l'on cherche à combattre une douleur locale ou une tendance générale. La durée de l'immersion doit être la même que celle de l'insolation ; on fera bien de mettre une compresse d'eau froide sur le front. Au sortir, le malade aura soin de ne pas se refroidir, de s'envelopper de flanelle, et de se mettre au lit, si l'immersion a été générale.

Si le malade n'était pas facilement transportable, au lieu de se rendre à un moulin, on lui fera suivre le traitement à domicile. Il ne faudra pas faire usage du marc pour plus de trois bains ; et, après chacun, enlever l'eau refroidie, pour la remplacer, au bain suivant, par de l'eau bouillante, et en mettre le moins possible.

Cette médication, moins active que le sable de mer, opère néanmoins des résultats satisfaisants. Les vertus lénitives du marc donnent de la souplesse aux articulations, et aident à résoudre les engorgements.

PRÉCAUTIONS SANITAIRES. — On ne saurait trop recommander aux personnes qui viennent dans les pays chauds, par motif de santé, de se loger exclusivement au midi, d'éviter dans les promenades et même dans les appartements, les transitions brusques du midi au nord, du soleil à l'ombre ; de ne pas s'exposer à la fraîcheur du matin, et surtout à celle qui se fait sentir au moment du coucher du soleil. Les valétudinaires ne doivent sortir en hiver que de 10 heures du matin à 3 ou 4 heures du soir ; il leur serait moins préjudiciable de sortir à la nuit close, que de rester dehors à la tombée du jour. Avoir soin de porter avec soi un vêtement prêt à mettre quand on passe dans un endroit situé au nord ; se munir d'une couverture quand on sort en voiture découverte, et ne jamais négliger de prendre une ombrelle doublée de vert et de porter des conserves bleues.

Avec ces précautions faciles, on recueillera tout le fruit qu'on peut attendre d'un séjour de quelque durée dans les pays méridionaux, et notamment dans le riche et salutaire climat de Cannes.

III

PROMENADES

LE COURS, LES BOULEVARDS, LA ROUTE D'ANTIBES LA ROUTE DE FRÉJUS.

Cannes, étant une vallée fertile, bordée par la mer et entourée de montagnes, offre par sa position même des promenades de deux sortes : promenades sur terre, promenades nautiques. Parlons des premières : au centre de la ville, longeant la mer, on a le *Cours* ou la Marine, complanté de cinq rangées d'arbres, dont une a plus de deux cents ans de plantation, orné d'un square d'arbres exotiques, du bâtiment de l'hôtel-de-ville et d'un théâtre en construction. La verdure de ce square présente un contraste agréable avec les arbres des allées, dénudés à la saison d'hiver. L'étranger avide de végétation s'étonne qu'on n'ait pas choisi des arbres au feuillage éternel qui croissent si facilement en ce pays ; à cette objection l'habitant, qui *promène* (1) sur le cours au mois de juillet comme au mois de janvier, répondra que ces arbres du nord fournissent d'épais ombrages en été, tandis que ceux des latitudes tropicales, tels que le mimosa, le poivrier, laissent pénétrer les rayons solaires à travers leur feuillage léger. Le *Cours* offre à toute heure beaucoup d'animation : c'est le forum, le rendez-vous général, le foyer des nouvelles, et le dimanche les Champs-Elysées parisiens. Il est fréquenté par la ménagère qui vient y chercher ses provisions, par le convalescent qui essaie ses forces au bord de la mer, et par la frileuse colonie étrangère, qui, sous les rayons d'un chaud soleil attiédi par le souffle léger de la brise de mer, aime à jouir des délices du *far niente*.

Boulevard de la Croisette. Il longe la mer sur une étendue de 3 kilomètres. C'est un diminutif de l'admirable voie ouverte à Marseille à travers des rochers, nommée promenade de la Corniche. Ici l'œil ne sait plus qu'admirer ou de cette mer d'azur, au sein de laquelle scintillent les îles de Lérins, comme des émeraudes aux feux du soleil provençal, ou de tous ces somptueux hôtels, de ces villas élégantes et nombreuses élevées sur cette plage, qui, vingt ans à peine, n'offrait que des dunes informes ! La Méditerranée ne présente pas l'aspect grandiose de l'Océan, ni ses va-

(1) La grammaire provençale fait des verbes actifs de nos verbes pronominaux français, et des verbes pronominaux des verbes actifs. Promener au lieu de se promener, se garder au lieu de garder. Le niçois, qui en parlant français traduit naturellement son idiôme natal, sorte de provençal, dit je me garde, il se mange, pour je garde, il mange.

gues écumantes ; mais aussi, fidèle compagne, elle ne délaisse jamais le rivage et ne laisse pas de vastes arènes à découvert après la marée.

A l'extrémité du boulevard de la Croisette, dont le nom vient d'une croix de mission posée à la pointe du cap, est aujourd'hui le beau *Jardin des Hespérides*. On y voit toutes les espèces de citronniers, d'orangers : le *citrus* qui produit des fruits connus sous le nom de chinois, employés pour conserves à l'eau-de-vie et fruits glacés; le *limonier*, le *bergamotier*, le *mandarin*, le *bigaradier*, (citrus vulgaris) orange amère qui n'est pas comestible, mais dont la feuille est utilisée pour la distillation dans les fabriques de Grasse et de Cannes. Pour être logique on devrait dire eau-de-feuille d'oranger et non eau-de-fleur ; *l'orange douce*, le malum aureum de Virgile. On voit aussi les fruits rouges du *caroubier*, de l'*arbousier*, et des *grenades*, presque aussi douces et savoureuses que celles de l'Espagne. Qui ne connaît pas cet enclos ne peut s'en faire une idée. La brise de mer balance mollement dans l'air embaumé les fleurs de neige et les fruits d'or de l'oranger ; le même arbre est chargé à-la-fois de la fleur et du fruit, présentant ainsi une union impossible dans les choses du domaine immatériel, où l'espoir et la réalité ne sont jamais unis ! Ce jardin des Hespérides diffère avantageusement de celui de la fable antique : ici point de farouches gardiens lançant la flamme et le feu, l'entrée est ouverte à tous, l'hospitalité courtoise et l'on peut sans déployer la valeur d'un Hercule et moyennant quelques pièces de monnaie, conquérir ces fruits d'or, si justement renommés et exportés dans le monde entier.

Le boulevard du Midi a son point de départ au môle, il doit être prolongé jusqu'à la Napoule, mais s'arrête présentement au *Square Brougham*. Ce jardin, tout planté d'arbres de haute futaie, d'arbustes toujours feuillés, n'encourt pas le reproche fait au cours de ne pas offrir d'ombrage en hiver. Ingénieusement disposé, ce square offre aux promeneurs, selon la saison et le goût de chacun, des bancs exposés au soleil et d'autres à l'ombre.

Le boulevard du Cannet d'un parcours de quatre kilomètres va de Cannes au joli village de ce nom.

Le boulevard de la Californie.

La route de Fréjus.

La route d'Antibes.

La route de Grasse, sont autant de promenades agréables et salutaires, étant exposées au soleil. Nous y reviendrons dans l'itinéraire des promenades.

IV

LE CANNET, LA VILLA SARDOU, RACHEL

Parmi les promenades les plus rapprochées du centre de Cannes, on conseille aux personnes débiles et aux convalescents de choisir de préférence à tout autre, l'excursion au *Cannet*, parce que cette petite localité, des plus abritées, est un des points les plus chauds de la serre-chaude du bassin de Cannes.

La route en est charmante : ouverte au milieu de massifs d'oliviers, d'orangers, bordée par d'élégantes villas, dont une des premières appartient à M. Garnier-Pagès (1). Dans cette retraite salutaire, le grand patriote recouvra une santé compromise par les fatigues de la vie politique et composa l'*Histoire de la Révolution* de 48. Les campagnes que traverse cette jolie route du Cannet sont émaillées de fleurs qui croissent sans culture sur ce sol fertile et luxuriant : en

(1) La guérison presque inespérée de M. Garnier-Pagès est mentionnée dans la notice médicale du docteur Sève, et attibuée par lui aux effets thérapeutiques de la position du Cannet. (Voir la note V).

février et en mars, on y trouve des adonides, de magnifiques anémones (1) les plus variées, les plus belles de toute la Provence. De la place Mercier (2), l'œil découvre un panorama admirable : le vallon du Cannet, véritable forêt de citronniers, d'orangers toujours chargés de fruits ; çà et là de petits hameaux, dont la blancheur des maisons se détache de la verdure sombre des pins ; des tourelles, des campaniles, des minarets font rêver à l'orient, et rappellent les villages musulmans des côtes de la Marmara et des rives du Bosphore. Au loin la ville de Cannes, le Mont-Chevalier couronné par sa vieille tour, la chaîne de l'Estérel ; à l'horizon enfin la mer bleue et les îles de Lérins.

La villa Sardou intéresse par l'originalité du style et de l'ornementation. C'est là que *Rachel* termina sa brillante carrière le 3 janvier 1858. Tout y porte au recueillement, le site ombragé, le calme de la nature... on serait tenté de croire qu'une main invisible et mystérieuse dirigeait le crayon de M. J. B. Sardou, lorsqu'il traçait le plan de cette habitation *suî generis*, qui semblait prédestinée à recevoir le dernier soupir de l'illustre tragédienne.

Quatre statues des muses sont placées à l'entrée d'une étroite tourelle faisant office d'escalier, comme pour protéger de leur égide cette demeure, qui fut le

(1) Voir la note VI.

(2) Cette place doit son érection et son nom à M. Mercier-Lacombe préfet du Var sous la Restauration.

sanctuaire des arts et des lettres, et qui a vu passer tant d'illustrations, parmi les poètes, philosophes, savants, artistes, qui s'honoraient de l'amitié de l'intelligent et hospitalier propriétaire.

Cette bizarre construction est toute symbolique. Le chêne gigantesque enlacé de lierre et brisé par la foudre, qui forme le principal décor du salon, la statue de Polymnie veillant sur un lit en forme de tombeau, et bien d'autres ornementations, ont souvent aiguillonné la curiosité des touristes. Plus d'un s'est demandé si ces allégories étaient simplement l'expression d'un esprit romanesque, ou s'il fallait y chercher la note plaintive d'un douloureux passé !...

Quand M. Sardou ouvrit à Rachel mourante sa pittoresque villa, la grande artiste recula d'effroi, à l'aspect du lit tombeau : quelques mois auparavant, en Russie, elle avait vu en songe une chambre et un lit en tous points semblables. C'était sa chambre mortuaire, c'était son tombeau... Sous l'impression de ce lugubre souvenir, elle préféra s'installer dans un modeste réduit à l'entresol, et destiné à sa femme de chambre. C'est là qu'elle mourut. Pendant nombre d'années, cette pièce est restée inoccupée, la cousinière tirée, les volets clos. M. Sardou, dans un religieux sentiment qui l'honore, ne voulait pas qu'un rayon de soleil portât la lumière et la vie dans cet asile consacré par la mort !

En vain, dit-on que Rachel est morte... non, celle qui a fait revivre en France le goût du beau, tiré les chefs-d'œuvre de Corneille et de Racine d'un trop long oubli; ce brillant météore, qui a projeté tant d'éclat sur la scène tragique, n'a pu disparaître complétement. Rachel vit encore dans la mémoire des spectateurs fortunés qu'elle a émus en exprimant les fureurs d'Hermione, les tourments de Phèdre, les souffrances d'Adrienne Lecouvreur. Ils la voient encore drapée à l'antique sous la tunique grecque, sous ces longs plis blancs qui rappelaient toute la majesté des statues de Phidias; ils ont encore présents cette voix qui était l'harmonie même, ce geste qui semblait avoir une voix. Et quand notre génération aura passé, Rachel vivra encore, vivra toujours dans les annales de l'art dramatique, à côté des Rocourt, des Duchénois, des Mars, comme la plus brillante étoile de la scène française.

Il ne faut pas quitter le village du Cannet, sans visiter l'église, qui date du XVIIme siècle, et possède un *Ecce homo* remarquable. En 1706, la place de l'église fut le théâtre d'un acte sublime de patriotisme et de dévoûment. Le vicaire *Ardisson* se mit à la tête des paroissiens, qu'il électrisa par la parole et par l'exemple, pour combattre un régiment du duc de Savoie, qui prétendait pénétrer jusqu'à Toulon. Ce brave ecclésiastique tomba sous les coups des ennemis; mais son héroïsme ne fut pas stérile : les Impériaux furent repoussés avec perte, et la résistance imprévue qu'ils avaient rencontrée dans ce petit village les décida à renoncer à leur entreprise.

La famille lettrée des Sardou est originaire du Cannet; elle compte parmi ses membres Victorien Sardou, l'illustre dramaturge contemporain, dont la renommée est trop grande pour qu'il soit utile d'en faire l'éloge.

Le plateau du Cannet et le vallon étendu à sa base sont une station d'hiver précieuse pour les personnes atteintes de maladies des voies respiratoires, de névroses, ou d'affections de poitrine, auxquelles le voisinage trop immédiat de la mer serait contraire. Le milieu ambiant imprégné des émanations résineuses des pins et des senteurs des plantes aromatiques constitue une atmosphère très sédative. La température y est plus élevée qu'à Cannes même. Le Cannet est pour Cannes ce que sont Carabacel, Brancolar, Cimiez par rapport à Nice.

V

PROMENADES

Côté Est

MONTFLEURI, MAUVARRE, LA CALIFORNIE, VALLAURIS ET LES INCOURDOULES, GOLFE-JUAN, ANTIBES, CAGNES ET SES ENVIRONS, CHATEAU DE VILLENEUVE-LOUBET, VENCE

BOULEVARD DE LA CALIFORNIE allant, du côté est de Cannes, à Vallauris. Cette route, ouverte au milieu de collines verdoyantes, où le pin et le chêne-liège saturent l'air de leurs émanations fortifiantes, est des plus pittoresques. Çà et là, parmi les bouquets de pins, d'élégantes villas inondées de soleil. Cette ascension, dont le touriste est déjà émerveillé, le conduit sur le plateau, qui lui présente un panorama admirable. C'est le val de Cannes avec ses innombrables villas, sa tour féodale ; les îles verdoyantes de Lérins, le Golfe-Juan, si majestueux lorsqu'il est animé par l'escadre d'évolution ; quand le temps est clair, et il l'est presque toujours, on aperçoit la Corse. Puis, au-delà de cette ligne jaunâtre que le Var, trace au milieu de l'onde azurée, les rivages de la coquette Nice, surnommée la Baie des Anges (1), le Mont-Alban, le phare blanc de Villefranche. D'un côté, la chaîne nuageuse de l'Estérel, de l'autre, les Alpes, aux sommets couverts de neige, encadrent ce splendide tableau.

Le promeneur peut errer à l'aventure dans ces parages de *Montfleuri, Mauvarre*, du *Terrafial*. Le naturaliste fera bien de se munir de sa boite à herboriser, et l'artiste enrichira son calpin de plus d'un croquis.

VALLAURIS. — Deux voies conduisent à Vallauris : le nouveau boulevard, et l'ancienne route qui a son point de départ au Golfe-Juan. La nouvelle route, généralement choisie en raison de l'accès plus facile, ne doit pas faire négliger l'ancienne, qui est des plus pittoresques. Les promeneurs ne devront pas oublier de porter des manteaux, dont ils ne tarderont pas à s'envelopper, car cette voie, tracée au bord d'un torrent désséché aujourd'hui, laisse passage à des courants d'air froid et dangereux par l'opposition avec la température générale.

Au centre d'un vaste cirque, formé par de hautes collines couvertes de pins, se trouve le joli village de Vallauris, dont l'étymologie *vallis aurea* a fait connaître depuis les Romains jusqu'à nos jours la situation

(1) Voir la note VII.

et la fertilité. L'industrie exploite en cet endroit une sorte de terre employée à la fabrication de poteries, dites *poteries de Vallauris*. Elles sont de deux sortes : les poteries ménagères, jarres à huile, *pignates*, *toupins*, marmites, dont l'usage remplace pour les offices culinaires le fer battu et le cuivre du nord; les *poteries artistiques*, dont les ateliers attirent la visite des étrangers, empressés à s'en procurer les élégants et gracieux produits, qui figurent aussi dans les vitrines des magasins de Cannes et de Nice.

Près de Vallauris : 1° la chapelle Saint-Antoine d'où l'on jouit, comme de la Californie, d'un point de vue admirable; 2° les ruines d'un aqueduc romain dit *Pont-de-Vallauris;* 3° *Les Incourdoules*. Sur le plateau de cette colline s'élevait, avant l'ère chrétienne, la ville d'Ægitna, capitale des peuplades Celto-liguriennes; un amas de débris, fûts de colonnes, dalles, corniches, pans de murs, pierres tumulaires, inscriptions, constatent l'existence d'une ville de premier ordre, et prouvent aussi que les Romains se sont établis dans la ville ligurienne après leur victoire sur la population primitive. L'ouvrage de MM. Girard et Bareste, auquel il faut toujours recourir pour les documents historiques et archéologiques de cette région, nous apprend que la voie aurélienne passait de ce côté, et que le nom *Incourdoules* provient de *cordolium*, deuil, et rappelle le carnage que firent l'an 55 avant J.-C. les légions romaines, appelées par les colonies phocéennes du littoral ligurien à leur secours contre les Oxybiens.

Après les souvenirs de deuil, voici une gracieuse légende mythologique, *Le Trou de la Cabre d'Or*, petite caverne où la fiction place, aux temps préhistoriques, une chèvre aux cornes d'or dont elle frappait, jusqu'à ce que mort s'en suive, les humains assez téméraires pour la poursuivre vers son antre. A défaut de la chèvre, la caverne demeure d'un difficile accès.

La route d'Antibes qui, sous le nom de rue d'Antibes, commence au cours de Cannes et sous celui de route se prolonge jusqu'à Nice, offre une promenade agréable, chaude et pittoresque. Elle côtoie la mer, dont la voie ferrée de la Compagnie Paris-Lyon-Méditerranée la sépare seulement. Même aux jours où le *Lac français*, calme et reposé, présente l'aspect d'un miroir, le rocher de la *Formigue* et les autres rochers à fleur d'eau du littoral sont battus avec un léger murmure par l'écume blanchissante des vagues, qui incessamment viennent s'y briser et y renaître encore. Tantôt cette route parcourt des terres maigres, sablonneuses, où croissent à profusion le pin et l'arbre à liége, une des sérieuses productions de la Provence ; tantôt elle coupe de riantes campagnes, d'un effet si pittoresque avec leurs cultures de fleurs et leurs terrasses superposées (1).

(1) Les terrains des environs de Cannes sont plus ou moins inclinés ; la couche végétale y est peu épaisse ; les cultivateurs ont été forcés de défoncer le sol pour en extraire les pierres; celles-ci ont été réunies et rangées par bandes régulières formant de petits murs d'appui parallèles et qui soutiennent les terres, disposées ainsi en terrasses successives dans tous les vallons. L'élévation de ces murs varie de quelques centimètres à plus de deux mètres de hauteur suivant la pente du sol.

Victor Petit, promenade des Etrangers.

La route dite d'Antibes serpente autour du GOLFE-JUAN (1), vaste bassin borné à l'Est par le promontoire de Garoupe, à l'Ouest par le cap de la Croisette et les îles fortunées de Lérins, rendu à jamais célèbre par le débarquement de Napoléon Ier au retour de l'île d'Elbe, à l'aurore des *Cent Jours*.

L'aigle formidable, que l'Europe croyait endormi dans son îlot solitaire, s'abattit inopinément sur ce point du rivage le 1er mars 1815 ; et de là prit son vol vers le Nord, avec une impétuosité et une hardiesse sans pareilles, pour tenter de ressaisir dans ses serres puissantes le sceptre déposé à Fontainebleau. Singulier rapprochement, « c'est au pied des Alpes que le géné-
« ral Bonaparte a commencé sa brillante carrière, et
« c'est encore au pied des Alpes que l'empereur vaincu
« va essayer de renouer la chaîne brisée de ses victoi-
« res (2). »

Pour ce fait mémorable, laissons la parole à un historien de mérite, à M. Achille de Vaulabelle (voir la note VIII à l'appendice).

Une colonne commémorative de ce grand événement a été placée sur la route d'Antibes et porte le millésime 1er mars 1815. Sur une petite auberge, en face de la colonne, on lit : « Venez, passants et célébrez son nom ; c'est ici que se reposa le grand homme. » On montre l'olivier légendaire du bivouac, et une entaille faite (ajoutons primitivement) de la main du héros.

(1) Etymologie goujan mot ligurien synonyme de golfe.

(2) Cannes et ses Environs, page 157.

La nuit qui suivit le débarquement, celle du 1er au 2, l'empereur déchu et sa petite troupe, commandée par le fidèle Cambronne, campèrent à Cannes, sur des terrains vagues ; construits aujourd'hui, la municipalité de Cannes leur a donné le nom de rue du Bivouac-Napoléon, afin de perpétuer le souvenir de cette grande épopée, au lieu même où elle avait pris naissance.

Sur un tertre d'où l'œil embrasse un vaste horizon aux contrastes les plus opposés, s'élève la villa de JEAN REYNAUD, le brillant auteur de *Ciel et Terre*. Terre, ciel, eau se trouvent là réunis dans toute leur splendeur ! De ce côté aussi la

VILLA BRUYÈRE appartenant à madame Adam (Juliette-Lamber). Joli châlet, modestement caché dans une éclaircie de pins et d'orangers. C'est bien la demeure qui convient au chantre poétique de ces contrées, au gracieux auteur du *Voyage autour du grand Pin* et des *Lettres d'une jeune femme sur Cannes ;* délicieuses pastorales, rayonnantes d'air, de soleil, de senteurs embaumées, où le poète ému chante avec la nature et communique au lecteur sa propre émotion. Nous n'essaierons pas de commenter de si charmantes pages, on n'analyse pas un parfum, on le respire...... Mme J. Lamber donne le désir de connaître Cannes à ceux qui n'ont pas vu ce coin de terre enchanteur ; elle le fait aimer plus encore à ceux qui le connaissent.

De même que lord Brougham trouva Cannes, Jean Reynaud découvrit les plateaux agréables et salutaires qui s'élèvent au-dessus du Golfe-Juan. La situation exceptionnelle de ce site lui a fait donner le nom de

Cannes-Eden. Les constructions s'y étendent de jour en jour, et cette colonie naissante sera bientôt une succursale de la ville de Cannes.

ANTIBES. — Le nom d'*Antipolis*, donné à cette ville par les Phocéens de Massilie ses fondateurs, se voit encore sur une des tours de l'église, bâtie sur les ruines du temple de Diane. Des débris de constructions romaines, arène, aqueduc, tombeaux, urnes, médailles, rappellent l'importance de cette ville, que les Romains élevèrent au titre de cité. Avant l'annexion du comté de Nice à la France, Antibes était la ville frontière. Sa position lui attira l'attention des souverains à toutes les époques : François Ier, Henri IV, Louis XIV la firent fortifier ; un des môles du port est l'œuvre de Vauban.

Antibes soutint six siéges : en 1747, lors de la guerre soulevée par le testament de l'empereur Charles VII, elle tint les impériaux en échec plus d'un mois, et partagea avec la place de Cannes le sort fortuné de voir l'ennemi battre en retraite. En 1815, seule et sans secours, elle repoussa l'attaque des Austro-Sardes. Une colonne mémorative de cette défense est élevée à la place d'armes.

Ne pas quitter Antibes sans visiter le promontoire de *Garoupe* ; ce cap, qui avance dans la mer bleue un îlot de verdure, de superbes villas, des jardins ornés des plantes les plus belles et les plus rares, fait un effet féerique. Parmi les villas, celle dite des *Chênes-Verts*, appartenant à notre célèbre dramaturge Dennery.

Monter à Notre-Dame d'où le panorama est magnifique.

Le touriste curieux de continuer ses excursions sur la même route trouvera *Cagnes* (ancienne capitale des Déciates, sous le nom *Deciatum*) curieux village posé comme l'aire d'un aigle sur la cîme d'un mont rocailleux et isolé. Cette position de camp d'observation et de défense, soumit en tout temps ce petit village aux agitations belliqueuses. Les Romains s'y établirent et comme marque de leur occupation y laissèrent des monuments divers : picrres, tombes, etc. Le fameux compétiteur de François Ier, l'insatiable guerrier qui, après avoir fait courber l'Europe presque tout entière sous sa formidable épée et rêvé la monarchie universelle, devait finir obscurément ses jours sous la cape du moine, Charles-Quint, se reposa au château de Cagnes, appartenant aux Grimaldi de Monaco, et y signa la trêve de dix ans, due aux sollicitations du pape Paul III. En ce lieu, se réunirent (1544) les commissaires nommés par le traité de Crépi pour fixer les limites du comté de Nice, auquel François Ier avait été contraint de renoncer, ainsi qu'à la vallée de Barcelonnette.

Le château de Cagnes possède une belle fresque, la *chute de Phaéton*, œuvre de Carlone, peintre italien, appelé en Provence par un Grimaldi. L'artiste devait être bien pénétré de la poésie antique, source de son inspiration, car la description d'Ovide revit dans cette peinture, qui exprime avec tant de vérité la catastrophe du téméraire et infortuné fils du soleil. On raconte que le peintre s'était tellement épris de son œuvre, qu'après trois ans de travail et une honorable rétribution, il ne s'en éloigna que les larmes aux yeux, en s'écriant : « *Bella mia cascata, io non ti vedrò, mai, mai.* » O ma belle fresque, je ne te verrai plus !

Le propriétaire actuel du château ne le laisse guère visiter ; plus d'un touriste, attiré par la renommée de la fresque de Carlone, a pu, devant cette grille impitoyablement fermée, répéter la plainte du maître italien : « *Io non ti vedrò mai.* »

Par contre, le château féodal de *Villeneuve-Loubet*, proche de Cagnes, et intéressant par son architecture et son site pittoresque, est d'un facile accès.

Au-delà de Cagnes, en s'enfonçant dans les terres, il y a une course intéressante à faire. C'est *Vence*. La *cathédrale*, composée de cinq nefs sans transept, renferme de magnifiques rétables, le sarcophage de saint Véran, un baptistère fort ancien, et des orgues de la fin du XVme siècle. Dans le sanctuaire, les tombeaux des comtes des Villeneuve-Vence, ceux des évêques, dont le célèbre Godeau, qui occupa le premier fauteuil à l'Académie française, et fut un des beaux esprits de l'hôtel Rambouillet, où, connu sous le nom de *Nain de Julie*, il tressa la *guirlande* poétique destinée à célébrer la muse du palais. On voit à l'hôpital de Vence le portrait de l'évêque Godeau : cette image, ne justifiant pas, quant aux qualités physiques, le surnom de *Bijou des grâces*, dont le qualifie Mlle de Scudéri, fait supposer que l'appellation louangeuse a été basée sur les dons de l'esprit. Le *Bijou des grâces* ne pouvait rester en retour de galanterie envers un bel esprit ; aussi en échange gratifia-t-il du titre pompeux de *Dixième Muse*, l'auteur prolixe du *Grand Cyrus* et des fadaises de la *Carte du Tendre*. Le bon évêque n'avait pas convié le Parnasse à ce baptême-là !

En 1644, l'évêché de Vence fut réuni à celui de Grasse. Les Vençois jaloux de cette prérogative s'insurgèrent, et le nouvel évêque Godeau fut, à son entrée dans la ville épiscopale, assailli à coups de pierres, et même frappé d'un coup d'arquebuse. Chrétien généreux, il demanda et obtint la grâce du coupable. Dans un temps où les bénéfices ecclésiastiques étaient accordés sans choix préalable du mérite et de la vocation, à la veille de la révocation de l'Edit de Nantes, à une époque où les lettres de cachet s'obtenaient aisément, où le fameux *pot-au-noir* décrit par saint Simon aidait à perdre qui l'on voulait, l'évêque Godeau mérite d'être apprécié par sa piété, sa science ecclésiastique, ses talents littéraires, sa prudence dans les démêlés théologiques, et sa modération envers les protestants.

Les environs de Vence sont giboyeux et pittoresques ; à visiter une gorge dite *Clus de la Cagne ;* le rocher de *Saint-Jeannet*, les ruines d'une commanderie des Templiers à *Saint-Martin ;* puis les vallées du *Loup*, du *Melvan* qui, parsemées d'ormes, de peupliers, de lierre, offrent un aspect verdoyant, qu'on n'est pas habitué à rencontrer dans le midi, où faute de pluie l'herbe croît moins facilement que les fleurs.

PROMENADES

Côté Nord

LES VALLERGUES, MOUGINS, VALBONNE, MOUANS-SARTOUX, CASTELARAS, GRASSE ET SES ENVIRONS

Bien que depuis quelques années un chemin de fer relie Grasse à Cannes, nous conseillons aux touristes, à ceux toutefois qui n'ont pas la bonne fortune de se promener à pied, de parcourir en voiture la *route* dite *de Grasse*, pour mieux jouir de ses beautés enchanteresses. Ce qu'il y a d'admirable dans la contrée que nous décrivons, c'est la variété du paysage et ses oppositions : à quelques kilomètres de distance, la végétation est si différente, l'aspect si divers, qu'on croirait changer de latitude : la route d'Antibes, c'est déjà l'Italie ; les environs de Grasse, avec ses cours d'eau, torrents, cascades, ses hameaux émaillant de blanc la sombre verdure des pins d'Alep, ses aloès sortant des rochers granitiques, offrent l'aspect de la Kabylie. Cette ressemblance est surtout sensible dans la jolie vallée des *Vallergues*, bijou de l'écrin de Cannes, où le murmure des eaux vives se marie aux parfums des fleurs et à la poésie du site.

Les villages de *Mougins*, *Valbonne*, *Mouans-Sartoux* font un effet très pittoresque. *Mougins* a une origine fort antique ; son nom dérivé de *Mons-Ægitna*, indique qu'en ce lieu se réfugièrent les populations liguriennes échappées au massacre des légions du consul L. Opimius, l'an 155 avant l'ère chrétienne. Près de Mougins la chapelle *Notre-Dame-de-Vie*, y voir un missel du XVIIe siècle. A 4 kilomètres de Mougins, le plateau de *Castelaras*, 320 mètres d'altitude (à 18 kilomètres de Cannes) belle villa dont l'accès est facile aux visiteurs.

GRASSE, ville fort ancienne, dont les historiens font remonter le nom au consul Crassus ; les habitants préfèrent tout simplement y trouver le signe de la fertilité de leur sol, dont ils sont justement fiers. Ils ne le sont pas moins de la position de leur ville bâtie en amphithéâtre sur le versant méridional d'une colline, et du beau panorama que l'on découvre de la *Terrasse* du Cours.

La ville de Grasse présente les traces des agitations politiques qu'elle a subies à travers les siècles. Au Moyen-Age elle fut souvent ravagée par les Sarrasins, qui y firent de nombreuses captures. Le fameux Raymond Béranger, comte de Provence, s'en empara en 1226. Le vainqueur de Marignan, le roi chevalier qui devait rapporter de l'Italie le goût des arts et projeter sur la France l'aurore de la Renaissance, se livra en ce lieu à une fantaisie martiale à la Charlemagne : il fit détruire de fond en comble la ville de Grasse, pour empêcher son rival attardé en Provence de s'y ravitailler. Bientôt reconstruite, Grasse eut à souffrir des guerres civiles de religion et de celle du XVIIIe siècle, dite de la succession.

On trouve à Grasse les ruines du *Palais de la reine Jeanne* et une tour romaine attenant à l'hôtel-de-ville. L'image de N.-D. qui se voit au-dessus de la porte principale de la ville, remonte à 1636 ; elle fut placée par les consuls de Grasse, en mémoire de la dédicace qu'avait faite à la Sainte-Vierge l'évêque Godeau, en prenant possession de la ville épiscopale.

La paraphrase en vers du psaume *Benedicite* lui valut l'évêché de Grasse. Richelieu, en le lui offrant, joua sur les mots et dit : « Vous m'avez donné le *Benedicite* et je vous rends *grâces* (Grasse).

Cette ville a donné le jour à des célébrités d'ordre différent : au conventionnel *Isnard* (nom répandu encore dans la localité) au botaniste *Jaume-Saint-Hilaire* ; au peintre *Fragonard*. On peut admirer de magnifiques toiles de ce maître chez M. Malvilan. Il faut visiter à Grasse : 1° La *cathédrale* : cet édifice de style roman, remarquable par ses trois nefs superposées, renferme une belle *Assomption* de Sableiras ; 2° la *chapelle de l'hôpital*, qui possède trois tableaux attribués à Rubens, un *Jugement dernier* de Gui et d'autres toiles estimées ; 3° la *Bibliothèque*, où le paléologue trouvera de nombreux manuscrits provenant des archives de l'antique monastère de Lérins.

Les personnes qui s'intéressent à la fabrication des

produits de l'industrie pourront visiter les parfumeries et distillations, dont les provenances circulent dans le monde entier.

Dans les environs de Grasse, il y a de délicieuses excursions à faire : l'une du côté est, en gagnant Vence par Magagnosc, Le Bar, le Saut du Loup, les Tourettes, les autres en se dirigeant vers le nord et l'ouest offrent au touriste la grotte de *Mons*, avec ses énormes stalactites ; la cascade de *Carpillé* ; les rochers de *Saint-Césaire* ; le joli paysage où la Siagne prend sa source ; *Saint-Vallier*, avec ses dolmens ; *Saint-Auban*, avec sa clue ; et pour les intrépides piétons, le *Pont-à-Dieu*, à une heure et demie de Saint Vallier, une des magnificences de cette riche nature.

PROMENADES

Côté Ouest

CROIX DES GARDES, ROUTE DE FRÉJUS, LA BOCCA, PLAINE DE LAVAL, SAINT-CASSIEN, RUINES D'ARLUC, MANDELIEU, PÉGOMAS ET CHATEAU DE DRÉE, AURIBEAU, VALCLUSE.

Au sortir de Cannes côté ouest, vous trouvez une éminence de 156 mètres d'altitude appelée *Croix des Gardes*, d'où l'œil embrasse le panorama enchanteur de Cannes, dont il ne se fatigue jamais ; cette colline offre aux santés délicates les émanations salutaires et fortifiantes des pins.

La route de Fréjus, après avoir fait passer le promeneur devant les villas de tout style dont la majeure partie appartient à des familles anglaises, conduit à *la Bocca*, à la *Napoule*, à *Théoule*, (nous parlerons de ces jolis petits golfes au chapitre des promenades nautiques), à la plaine de *Laval*, au tertre de *Saint-Cassien*, au bas duquel quelques ruines indiquent l'emplacement du village d'*Arluc*, qui eut une grande importance sous les Romains et au Moyen-Age, et fut détruit au XIVme siècle. La *Siagne*, dite *Saignos* en langue provençale, à cause des roseaux qui bordent ses rives, est l'*Apron* cité par Polybe. La canalisation de cette rivière approvisionne d'eau depuis une douzaine d'années, la ville de Cannes. Quelques historiens pensent que la plaine de Laval fut le théâtre des combats sanglants livrés après la mort de Néron entre les partisans d'Othon et de Vitellius ; le docte historiographe Alliez, s'appuyant sur le récit de Tacite, place cette formidable bataille entre Cagnes et Vence. Toujours est-il qu'aujourd'hui même le soc de la charrue heurte d'innombrables ossements humains. Ce côté ouest de Cannes offre un aspect différent des autres ; l'olivier céde le terrain au blé, au seigle, à l'avoine ; c'est la culture du nord, ce sont ses prés, ses champs, mais surmontés du ciel du midi, dorés du soleil qui n'abdique jamais. Un pont coquettement jeté sur la Siagne, appelé du nom vulgaire de *Pont-de-fil-de-fer*, ornemente heureusement cette plaine fertile de Laval, qui, comme le vallon des Vallergues, la Californie, la Napoule, l'Estérel, est souvent reproduite par les paysagistes. Les rives accidentées de la Siagne conduisent au village de *Mandelieu*, nommé populairement *Capitou* (Chapitre). Cette voix de la tradition rappelle que ce joli village était l'ancienne propriété du chapitre de Grasse. Par un petit détour sur la rive gauche, on arrive à *Pègomas*, élégant village près duquel on voit le *château de Drée*, d'architecture italienne. En remontant le fleuve, on trouve *Auribeau*, 12 kil. de Cannes (*horrea belli*) les greniers des armées romaines. Bâti en amphithéâtre sur une colline que baignent les ondulations de la Siagne, le charmant village d'Auribeau attire l'artiste et l'archéologue. Il eut la gloire de repousser en 1706 les tentatives du même duc de Savoie, dont les efforts avaient été infructueux contre la place de Cannes et le fort de Sainte-Marguerite. L'église est du commencement du XVIIIme siècle; elle possède un plat portant en relief l'effigie de Cicéron, avec ces mots *Julius Cicero*. Les antiquaires n'admettent point de doute sur l'authenticité de la relique. Est-elle basée sur la reproduction de l'appendice nasal du célèbre orateur romain ? Je l'ignore, n'ayant pas vu le plat en question; mais je me propose, à ma première course en Provence, de faire une visite à l'église d'Auribeau. Cet objet lui a été donné par Mgr de Prunières, évêque de Grasse, en 1788, lors de la sécularisation du monastère de Lérins.

A deux kilomètres d'Auribeau, l'ermitage de *Notre-Dame de Valcluse*. Lieu alpestre qui porte aux grandes pensées. Les mélodies des oiseaux se mêlent au murmure des eaux vives. C'est un des rares endroits des environs de Cannes où l'on jouisse des concerts de ces musiciens ailés; là comme à Nice, comme dans toute la Provence, à peine le moindre piou-piou retentit à l'oreille du farouche contadin, qu'il épaule le fusil comme s'il s'agissait de détruire une bête fauve, et tue impitoyablement le divin artiste, dans le but de s'en faire un mince profit. Le cœur souffre de voir ces grands-maîtres qui avaient encore de si belles vocalises dans leur petit gosier : rouges-gorges, merles, pinsons, roitelets, fauvettes, chardonnerets, enfilés en chapelets vendus aux marchés des *Allées* à Cannes, de *Sainte-Reparate* à Nice. Cette chasse à l'oiseau est non-seulement barbare, mais de plus maladroite dans un climat où les insectes se propagent avec une si grande facilité. J'ai observé que dans les pays chauds la cruauté envers les animaux est plus violente que dans le nord, et imagine des raffinements inouïs de souffrances et de tortures ! Nous faisons des vœux pour que parmi les hôtes nombreux de la colonie étrangère, il se trouve à Cannes des membres de la *Société protectrice des animaux*, qui s'appliqueront à constituer un comité comme on l'a fait à Nice en octobre 1877, faire fonctionner régulièrement la Société et à mettre en pratique les principes généreux de l'association résumés dans sa noble devise *justice*, *compassion*, *hygiène*, *morale* (1).

Cette digression, qui m'a paru utile, nous a fait séjourner un peu longuement dans le vallon de Valcluse. Parmi les buts d'excursion au côté ouest de Cannes, nous avons à mentionner la chaîne de l'Estérel. Le sujet mérite un chapitre spécial.

(1) Voir la note IX.

VI

L'ESTÉREL, LE CAP ROUX, AGAY, LES MONTAGNES, DISTRACTIONS SCIENTIFIQUES, EXCURSIONS LOINTAINES, CONCLUSION.

Nous l'avons dit au commencement de cette notice, les montagnes de *l'Estérel* offrent des études intéressantes au géologue, au naturaliste, au minéralogiste, au botaniste, à tous les amis de ces sciences aussi salutaires au corps que douces à l'esprit.

On y rencontre les plus belles et les plus nombreuses variétés de porphyre : le porphyre rouge antique, le porphyre rose, le porphyre vert, le porphyre bleu, que nous retrouvons aujourd'hui encore dans les monuments de Rome païenne ; le jaspe coloré en jaune, en rouge, en vert, en noir, et souvent à couleurs alternes deux à deux, par bandes parallèles du plus agréable effet ; le jaspe est susceptible de recevoir un beau poli. On y trouve également le quartz cristallisé, le kaolin, le labrasor, en un mot mille richesses minéralogiques, dont la description ne peut trouver place dans le cadre restreint de cet opuscule.

Le *Mont-Vinaigre*, la *Gravière*, le *Montubi*, le *Cap Roux*, la *Civière* sont les sommets principaux de cette chaîne désignée sous le nom générique de l'Estérel. L'altitude de ces points varie entre 450 et 600 mètres. On n'est pas d'accord sur l'étymologie du mot Estérel : les uns veulent qu'elle provienne de *Suelteri* ou *Sueltri*, peuplade primitive antérieure à l'ère chrétienne ; d'autres de *estella* étable, logis, auberge. En langue provençale l'*oustaou* signifie maison, et par ce mot d'Estérel on désignait autrefois la montagne conique, sur les flancs de laquelle est encore aujourd'hu la chaumière, dite l'*Auberge de l'Estérel.*

Les excursions dans ces montagnes se font à présent bien facilement, grâce aux travaux exécutés par l'administration des Eaux et Forêts ; travaux qui consistent en ponts, routes carrossables, sentiers, maisons de gardes-forestiers, points-de-vue ménagés.... toutes ces améliorations font de ce site montagneux une promenade magnifique. Outre l'agrément du touriste, ces travaux offrent les avantages suivants : 1° porter de prompts secours en cas d'incendie si fréquents par la nature résineuse des arbres ; 2° exploitation plus facile de la forêt ; 3° surveillance des routes si périlleuses autrefois ; 4° promenades agréables en voiture et à pied.

Ces porphyres qui se dressent en montagnes d'aspect sauvage, à cimes déchirées, souvent hérissées de pyramides aiguës, sont d'un effet saisissant ; ils offrent les panoramas les plus variés et les effets de lumière les plus éclatants. Plus que tout autre site du val de Cannes et des montagnes qui l'enserrent, l'Estérel inspire les paysagistes; et il n'est pas d'exposition de peinture à Paris où ne figurent plusieurs reproductions de cette contrée, riante et grandiose à la fois.

Nota. — Nous recommandons aux explorateurs sérieux, géologues, minéralogistes et botanistes, de se munir de chaussures résistantes, les arêtes du porphyre étant fort vives coupent le cuir comme un rasoir. Pour détacher les échantillons des roches, il faut un marteau très-solide et fortement emmanché, le marteau ordinaire ne résisterait pas au-delà d'une journée.

Au cap Roux, se trouve un lieu abrupte, silvestre, presque sauvage, nommé la *Sainte-Baume*, et qu'il ne faut pas confondre avec la colline du même nom, située près de Marseille. La *Sainte-Baume* de l'Estérel offre deux souvenirs d'ordre différent : les ruines d'un temple élevé à Diane Estérelle, et une grotte sanctifiée par la retraite de saint Honorat (1), anachorète du Vme siècle, qui fut le fondateur du célèbre monastère de Lérins. Durant le moyen-âge, le cap Roux fut habité par des ermites, qui pratiquaient la pénitence et les mortifications des pères de la Thébaïde. Parmi eux saint Eucher, dont on voit encore la caverne d'où le tirèrent les fidèles députés par l'église de Lyon, pour le décider à occuper le siége des Pothin et des Irénée ;

(1) Pendant de longs siècles le cap Roux était un but de pèlerinage pour les Provençaux. Au-dessus de la pierre qui servait de couche à saint Honorat, on lit l'inscription suivante, qui est de Denis Faucher, religieux de Lérins.

Prœbe tuos vultus, antistes inclyte, cœlo
Conspicuos tua quœrenti vestigia terris. Amen

« Pontife illustre, du haut du ciel, montre ton auguste visage à celui « qui cherche tes traces sur la terre. »

Avec de la bonne volonté, on peut arriver à déchiffrer encore cette inscription.

puis saint Armentaire, patron de la ville de Draguignan. Les irruptions fréquentes des Sarrasins, dont le repaire était près de là au Fraxinet (aujourd'hui la Garde-Freinet) obligèrent, vers le milieu du IXme siècle, les solitaires à abandonner ce lieu propre aux grandes pensées. La mer et les montagnes, les effets les plus grandioses de la nature portent l'âme vers l'infini !

La voie Aurélienne, qui longeait le littoral ligurien, se retrouve au *Pont-du-Riou*, dont on voit les trois arches romaines sur le torrent de ce nom, et au *Défilé des Pendus*, énorme rocher, dont le site pittoresque n'est pas en rapport avec l'idée lugubre que ce nom éveille, et sur lequel l'histoire ne donne aucun document.

Au pied de l'Estérel, se trouve le village des *Adrets*, qu'un auteur contemporain a choisi pour y placer la scène d'un drame à succès.

AGAY dont l'Itinéraire d'Antonin fait le *Portus-Agatonis* des Romains, n'est peuplé que de quelques misérables cabanes de pêcheurs. On ne comprend pas comment l'industrie moderne n'a pas tiré parti de ce port naturel, et n'a pas établi une station d'hiver dans cette serre-chaude, préservée par les flancs de l'Estérel. Les quelques ruines qu'on découvre au bord de cette baie sont celles du château de la famille d'Agay, et le vieux fort est attribué à Charles-Quint. En face ce fort, sur un rocher taillé à pic, s'élève la *Tour de Darmont*, qui rappelle un souvenir historique, celui de la reine Jeanne.

Dans les murs de cette tour, la belle infortunée,

peut-être coupable princesse, chercha un refuge contre la révolte des barons provençaux. De ce point élevé, elle dit un dernier adieu à cette belle Provence, qu'elle aimait tant. Sous la conduite d'un capitaine dévoué, elle regagna le royaume de Naples ; on sait la fin de sa tragique histoire : abandonnée de nouveau, trahie, elle mourut de mort violente par l'ordre de son compétiteur Charles de Duras (1).

DISTRACTIONS SCIENTIFIQUES. — Les collines de Biot et de Mandelieu renferment des coquilles tertiaires en grand nombre. Les montagnes de Tanneron, d'Escragnolle, de Grasse contiennent des fossiles rares. Le naturaliste trouvera dans toute la région plaine et montagnes une flore variée, et dans la mer, surtout aux côtes de Lérins, une riche conchyliologie. Cette contrée offre à l'entomologiste de grandes variétés d'insectes et de papillons, à l'ornithologiste des oiseaux de passage aux époques de migration, et en toute saison des oiseaux dont le plumage se rapproche des éclatantes couleurs de ceux de l'équateur. Enfin dans ce pays giboyeux, le chasseur poursuivra à son gré le sanglier farouche, ou la timide perdrix. On organise parfois dans la plaine de Laval le vol au faucon. Cette réminiscence est de bon goût sur cette terre de Provence, encore toute pénétrée du souvenir des Troubadours, chantant les belles châtelaines montées sur les haquenées blanches et les jeunes pages lançant le faucon. Les touristes amateurs de beaux points de vue

(1) Voir la note X.

ne devront pas omettre l'excursion dans les montagnes de Tanneron à 7 ou 8 kilomètres de Cannes, au lieu dit les *Pointus*. On s'y rend par la plaine de Laval et l'hôtel des Thermes, qui se trouve au-delà du pont suspendu de la Siagne.

La plupart des lieux que nous venons d'indiquer comme buts d'excursions : le Cannet, Mougins, la Croix des Gardes, la Californie, etc., sont si rapprochés du centre de Cannes que les promeneurs en franchiront facilement la distance à pied. Pour les autres endroits, le Golfe-Juan, Antibes, Auribeau, Grasse, etc., les moyens de transport sont multiples : les voitures de place et de remise, l'omnibus, dont le service journalier dessert ces localités (voir aux renseignements utiles) et la ligne de Paris-Lyon-Méditerranée avec embranchement sur Grasse.

EXCURSIONS LOINTAINES. — A l'aide de la voie ferrée on peut visiter : Fréjus (28 kilomètres en deçà de Cannes) ville si intéressante par ses belles ruines romaines.

Nice (28 kilomètres au-delà), sœur aînée de Cannes, dont l'attrait est dans tous les esprits, la louange sur toutes les lèvres.

La petite principauté de Monaco et de Monte-Carlo, séduisante, mais perfide oasis de ces côtes enchanteresses, dont on a dit : « C'est le paradis terrestre, et le tapis vert en est le serpent. »

CONCLUSION. — Tout est promenades dans ce pays où les campagnes plantées d'oliviers, d'orangers, de citronniers, font l'effet d'un parc indéfini, et donnent un ombrage recherché en toute saison. Rien de charmant comme d'errer, sans guide, à l'aventure, dans ces champs fleuris. Celui qui n'a pas été initié dès l'enfance à ce luxe exubérant de la nature est étourdi de tant de magnificence ; il aimera à parcourir ces routes bordées par l'eucalyptus, où l'aloès, l'*érodium* l'agave, le myrte, sortent spontanément des anfractuosités des rochers ; il verra non sans surprise à côté de tous les arbres fruitiers des vergers du nord, le néflier d'Espagne, le dattier de Barbarie, le palmier de la brûlante Afrique, le bananier, et jusqu'au latonia de l'île Bourbon ; tantôt il s'étonnera à la vue de cette riche variété de pins, qui va du sombre sapin du nord jusqu'aux formes arrondies et gracieuses du pin parasol (1) ; tantôt il admirera le lentisque, l'arbousier aux fruits de carmin, le poivrier au léger feuillage, le mimosa, qui, à l'époque de la floraison présente l'aspect d'un immense bouquet de fleurs. Si des campagnes le touriste pénètre dans les jardins des villas facilement ouvertes aux étrangers, son admiration redoublera en voyant s'épanouir à l'air libre les fushias, les troènes, les cinéraires, les camélias ; et le géranium, le laurier, le grenadier, chétifs arbustes de nos serres du nord, y prendre en pleine terre le développement et les proportions d'arbres. Le cygne de Mantoue, s'il apparaissait un instant sur cette terre fertile, se croirait encore au pays qu'il a chanté : dans l'érodium il reconnaîtrait le cythise, qu'il aimait à célébrer non moins que

(1) Voir la note XI.

la vigne enlacée à l'ormeau, courant en festons entre les peupliers, les saules, les sycomores, qui, à Cannes comme dans la campagne romaine et à Naples, abritent la culture des céréales.

La rose, la primevère, le lilas fleurissent aux rayons du soleil de décembre comme à ceux d'avril. Les indigènes tirent bon parti de cette richesse du sol : au lieu de lui confier des céréales, dont le produit est minime lors même qu'il ne trompe pas l'espoir du cultivateur, les propriétaires fonciers s'adonnent à la culture des fleurs pour la distillation ; ainsi les terres rapportent 7 et 8 %. De là ces émanations balsamiques que l'on respire à chaque pas, de là ces champs de roses, de violettes, d'œillets, de tubéreuses, de jasmins, de réséda, et ces buissons de cassie, qui flattent aussi agréablement la vue que l'odorat. La terre ainsi émaillée de fleurs présente un charme inconnu dans les campagnes du nord.

De brusques variations de température n'entravent pas les projets d'excursions comme dans les climats du nord. A l'exception d'une quinzaine de jours à l'automne, où il tombe des pluies dites de la Saint-Michel (1), le ciel est radieux en toute saison. Le soleil ne

(1) On nomme cette série de pluies *Pluies de la Saint-Michel*, à cause de la coïncidence de la date à laquelle elles se produisent et de la fête du saint de ce nom, qui tombe le 29 septembre. Ce sont des pluies incessantes, diluviennes, d'une durée parfois de 48 heures sans intermittence. Elles sont nécessaires pour retremper les oliviers, altérés par une sécheresse de plusieurs mois. Pour que l'eau pénètre plus profondément, les paysans creusent des excavations autour des racines des arbres.

Saint-Michel est un patron préféré dans les régions méridionales du Var à la Garonne, dans le Languedoc comme en Provence, l'époque de la Saint-Michel est le point de départ des fermages, du service des valets de fermes de la location des maisons etc. On donne même ce nom aux transactions : *faire Saint-Michel* signifie déménager.

délaisse jamais cette terre, et en le voyant disparaître le soir derrière l'Estérel, on peut sans crainte lui dire « à demain ». Nous donnons le conseil aux émigrants, tristes ou malades, de ne pas trop hâter leur arrivée dans le midi ; nous en avons connu sur l'esprit desquels les pluies d'automne avaient influé d'une manière désagréable pour toute la durée de leur séjour. Cannes offre trop d'éléments de satisfaction pour qu'on ne cherche pas à les mettre à profit.

Au cap d'Antibes, se trouve le *jardin botanique,* fondé par M. Thuret et acheté par l'Etat, qui vient d'y installer un laboratoire de l'*Enseignement supérieur,* sous la direction de M. Charles Naudin, membre de l'Institut.

On ne saurait trop louer l'intelligence et le dévoûment de M. Thuret, qui a consacré sa vie et sa fortune à la création de ce jardin d'acclimatation, dont les produits ont donné déjà de si beaux résultats, et sont appelés à en donner de plus grands encore.

Tous les véritables amis de la science seront heureux de payer un juste tribut de reconnaissance à Mme ***, nièce de M. Thuret, qui a offert spontanément à l'Etat la somme de 200,000 fr. pour le décider à cette acquisition.

Nota. — Par une erreur regrettable, cette indication n'a pu être placée au chapitre qui traite d'Antibes et du Cap de Garoupe.

VII

PROMENADES NAUTIQUES

LA NAPOULE, BAIE D'ANTEA, THÉOULE, RUINES, D'ARLUC, PONT DE GARDANNE

La baie de Cannes protégée à l'est par le cap de la Croisette, au midi par les îles de Lérins, à l'ouest par la chaîne de l'Estérel, qui avance de plusieurs kilomètres dans la mer, offre une navigation sûre, facile, à l'abri des vents. Au port sont amarrées d'élégantes embarcations, qui là, comme le phaëton sur la place, attendent qu'on les prenne à la course, à l'heure, à la journée. Les patrons, la plupart d'anciens loups de mer qui ont reçu le baptême de la Ligne, présentent les garanties d'expérience qu'on peut désirer dans le nautonnier. Ils sont généralement prudents, presque timorés; pour peu qu'il y *ait de la mer*, qu'ils prévoient le lever d'un vent contraire, ou le roulis, le tangage, terribles à ceux qui n'ont pas le cœur marin, ils sont les premiers à ne pas conseiller de s'embarquer. Sur aucun autre point du littoral, on ne voit chaque jour autant de barques à l'eau : canots, yachts, périssoirs, yoles, caïques etc. A Cannes, comme à Venise, l'habitant, indigène ou étranger, a sa barque coquettement pavoisée ; on en connaît les noms, et on s'incline devant le *Roi des Iles,* l'*Oiseau-bleu*, le *Courlis*, souvent couronnés aux *régates* annuelles du printemps, qui attirent à Cannes non moins de monde que les courses de la plaine.

Les malades et les personnes malingres, qui sont l'objectif de cette brochure, ne devront pas oublier que les médecins prescrivent l'air marin non-seulement respiré sur le rivage, mais sur la mer même. La brise aspirée à la haute mer est un mode efficace de médication pour les constitutions faibles. Nous conseillons aux personnes qui s'adonnent aux promenades nautiques par plaisir ou par raisons de santé, de prendre de bons vêtements, une ombrelle et des conserves à verres bleus. Le miroitage des rayons solaires sur l'eau phosphorescente est perfide pour la vue, et provoque des coups de soleil, si l'on ne prend les précautions susdites.

Sur ces bords pittoresques, les buts d'excursions nautiques ne manquent pas : c'est d'un côté, le golfe Juan, les îles ; de l'autre, la Napoule, Théoule, le pont de Gardanne, Agay, et le Cap Roux dont nous avons parlé aux promenades à l'Estérel. Sans faire voile pour des navigations lointaines, quel plaisir de louvoyer doucement dans ce golfe paisible, en face du panorama de Cannes, qui, vu de la mer, est encore plus beau que des montagnes ; de se laisser bercer par les zéphyrs, qui mêlent à la brise marine les délicieux parfums de l'oranger ; de promener le regard du rivage émaillé de villas gothiques, italiennes, mauresques, à ces bois de citronniers, à ces bouquets de pins, du sein desquels se dressent les villages du Cannet, de Mouans, de Mougins ; d'admirer ce triple rang de montagnes, les unes verdoyantes, les autres chauves de la base au sommet, que la nature a déployées autour de Cannes comme un rempart assuré contre les autans ; et à l'horizon, les premiers pics des Alpes-Maritimes couverts de la neige eternelle. Si de la plage vous tournez la vue vers la haute mer, vous apercevez les îles de Lérins avec leur forêt d'un vert éclatant et les tours du vieux monastère, l'Estérel enfin, dont les teintes sont si variées selon que la chaîne est frappée des feux du soleil du Midi, ou éclairée des rayons rougeâtres du soleil couchant. En ce coin de terre privilégié, sur cette mer si belle. tout se réunit, s'harmonise, pour faire du site de Cannes un de ces tableaux, dont le Peintre éternel seul a le secret.

BAIE DE LA NAPOULE. — Au pied d'un mont de forme conique, dit le mont Saint-Pierre, quelques ruines éparses indiquent l'emplacement d'une antique cité grecque fondée par les Massiliens sous le nom de *Neapolis* (nouvelle ville) qui sous les Romains prit la dénomination d'*Avenionettum*. Les savants modernes, d'après l'*Itinéraire d'Antonin* et la *Table de Peutinger*, placent en cet endroit un *horrea belli* comme à Auribeau. L'appellation grecque de Neapolis, dont on a fait *Napoule*, lui fut rendue au XIIIme siècle par la famille des

Villeneuve, dont on voit les ruines du château féodal. Les historiens ne sont pas d'accord sur l'origine de cette ancienne et illustre maison : les uns la font provenir de l'Aragon, d'où elle serait venue en Provence, à la suite des princes de Barcelone vers 1120 ; d'autres placent son berceau au château de Villeneuve-Loubet, dont nous avons parlé précédemment. Cette famille a justifié à travers les siècles sa glorieuse devise : *Libéralité*, parmi ses preux, elle compte Louis de Villeneuve, surnommé *riche d'honneur*, Romieu-le-Grand, le Sully de la Provence, qui, par ses talents administratifs, une sage économie, la fidélité à son suzerain, rétablit les finances et releva la fortune de Raymond Béranger, dernier comte de Provence. Nommé par le testament de ce prince tuteur de sa fille unique Béatrix, Romieu de Villeneuve prépara la réunion de la Provence à la couronne de France, par le mariage de cette princesse avec Charles d'Anjou, frère de Saint-Louis (1241).

Dans le même siècle où l'héroïsme d'une simple femme du peuple, Catherine Ségurane, sauvait la ville de Nice de l'invasion turco-française, Suzanne de Villeneuve, veuve de Pompée de Grasse, baron de Mouans, soutint un siége opiniâtre contre le duc de Savoie, maître du château de Cannes et déploya un courage viril.

BAIE D'ANTÉA, THÉOULE. — Cette rade pittoresque offre un mouillage auquel bien des navires ont dû leur salut. Des légendes pieuses placent en ce lieu la retraite de Galla, épouse de saint Eucher et de ses deux filles Consortia et Tullia. Ce point du rivage aurait été le tombeau de Tullia d'où proviendrait le nom de Théoule. Une étymologie païenne n'a pas moins de fondement : Théoule, selon Papon, viendrait de *Telonius* comme Toulon, et indiquerait la source ou divinité tutélaire de la fontaine. Au moyen-âge Théoule dépendait de la Napoule. La tour encore debout a été élevée par le cardinal de Richelieu.

LE PONT DE GARDANNE. — Comme le Pont-à-Dieu près de Saint-Vallier, cette curiosité est l'œuvre de la nature et du travail des siècles, pendant lesquels les flots se sont creusé un passage à travers des roches porphyriques et formé un labyrinthe, dans les dédales desquels la mer circule. Cette excavation a tiré son nom d'une légende que nous emprunterons à l'ouvrage de MM. Girard et Bareste.

Au commencement du XVIIme siècle, il y avait à Cannes un brave homme nommé Gardanne ; d'un joyeux caractère, doué d'une heureuse philosophie, qui le portait à chercher pour lui et les autres à passer le temps le plus gaîment possible ; n'ayant aucune profession apparente, il pratiquait celle « d'honnête contrebandier » dit l'ouvrage sur *Cannes et ses environs*. Il organisait des pique-niques à Saint-Honorat ; la frairie durait plusieurs jours. Tandisque ses compagnons chassaient par un lourd sommeil les libations de la veille et se préparaient à celles du lendemain, le facétieux Gardanne, sous prétexte de pêcher la bouille-abaisse, prenait le large, hissait deux voiles latines qu'il avait cachées à bord, et cinglait vers Nice, où il embarquait une quantité de marchandises prohibées, qu'il débarquait le lendemain aux environs de Cannes. Qui eût pu soupçonner de contrebande le vertueux Gardanne ? Son bateau n'était-il pas sur le flanc toujours au chantier de réparation ? N'avait-il pas à bord de la *Joséphine* les autorités constituées, dans la personne du fils du maire et du neveu du receveur principal des douanes ? On a beau être disciple de l'insouciant Démocrite ou du gai Epicure, on n'est pas à l'abri des jours néfastes : un matin la *Joséphine* fut aperçue par une felouque de la douane, qui lui donna la chasse ; contrarié par le vent, ayant une forte cargaison à bord, Gardanne se croyait perdu, quand tout-à-coup il découvrit l'excavation de cette roche maritime : y introduire sa barque, jeter les marchandises dans les profondeurs du gouffre, sortir par l'ouverture opposée, fut l'affaire de quelques minutes. Le lendemain, il rentra au port de Cannes, y amarra la *Joséphine*, avec le calme d'un bon bourgeois qui vient de faire une promenade sur mer.

La légende ne dit pas si le contrebandier fantaisiste compléta son odyssée en portant le poisson de la bouilleabaisse aux amis qui l'attendaient depuis 24 heures à Saint-Honorat ; mais ce qui est certain, c'est qu'à partir de ce jour les matelots nommèrent *Pont de Gardanne* la caverne marine jusque-là inconnue, dont l'abri protecteur avait sauvé des fers « l'honnête contrebandier. »

Ceux qui recherchent les beaux spectacles de la nature devront faire des promenades sur mer le soir ; ces nuits éclatantes qui semblent une prolongation du jour, ces clairs de lune étincelants, les *lucioles* (1) qui scintillent dans les airs comme autant de diamants, les étincelles phosphorescentes qui jaillisent des eaux à chaque coup d'aviron, tout cela fait rêver à l'infini, puis aux mystères de ce monde de la mer, à la vie qui s'agite dans ses profondeurs ; mystères et vie, ignorés encore de la science moderne malgré tous ses progrès.

Du côté de l'Estérel le Cap Roux, et à l'ouest le Golfe-Juan, dont nous avons parlé au chapitre des promenades sur terre, sont aussi le but d'excursions nautiques. Mais celle qui l'emporte sur toutes, celle qu'on voudrait prolonger indéfiniment, c'est la visite aux îles de Lérins. Comme nous l'avons indiqué aux Renseignements Utiles, un bateau à vapeur, le *Côtier* (2) fait chaque jour cette traversée allée et retour, et des barques confortables sont à la disposition des promeneurs.

(1) Les *Lucioles* sont des vers luisants ailés particuliers au littoral méditerranéen.

(2) Le *Côtier* a remplacé le *Progrès*.

VIII

LES ILES DE LERINS

SAINTE-MARGUERITE

« Les îles de Lérins semblent s'être détachées de « l'Archipel grec pour venir s'échouer sur les rivages « de la Provence » dit le savant auteur de l'Histoire du Monastère de Lérins (1). Ces îles intéressent le touriste et l'archéologue ; l'un par les beautés d'une riche nature, l'autre par les souvenirs historiques que ses ruines rappellent.

Bien avant la conquête des Gaules, les îles de Lérins étaient habitées ; la plus grande se nommait *Lero* du nom d'un pirate, auquel, d'après Strabon, on avait élevé un temple. Sous la domination romaine, on y établit une station militaire, indiquée dans l'Itinéraire d'Antonin ; des fortifications, un arsenal et de somptueuses demeures. Vers la fin du IVme siècle,

(1) Histoire du Monastère de Lérins, 2 vol., par l'abbé Louis Alliez, chanoine honoraire de Fréjus.

les attaques répétées des barbares, sous le choc desquels devait s'effondrer le monde païen, obligèrent les Romains à abandonner les rivages de ces îles, qui ne présentaient pas assez d'avantages pour la défense et pour l'attaque. Le christianisme, en s'établissant dans les Gaules, substitua le nom de *Sainte Marguerite* à celui de Lero, et l'autel de la martyre d'Antioche fut élevé sur les ruines du temple de ce pirate. Mais la légende, amie des gracieuses fictions, vint altérer l'histoire en embellissant les souvenirs qu'elle transmet : elle raconte que Marguerite était sœur d'Honorat, le fondateur du monastère de Lérins. Tandis que ce cénobite habitait l'île voisine Lerina, Marguerite s'était retirée dans l'île de Lero ; l'entrée du monastère étant interdite aux femmes, elle ne voyait son frère que lorsqu'il sortait de sa retraite. Cette pieuse vierge, comme Scholastique, sœur de Saint-Benoît, désirait fortifier sa piété par de fréquents et saints entretiens avec son frère ; mais Honorat ne quittait qu'à regret sa chère solitude, et un jour il déclara à sa sœur qu'il ne la verrait qu'une fois l'an, à l'époque de la floraison des cerisiers. Marguerite, attristée de cette résolution, pria avec tant de ferveur qu'un cerisier, planté sur la berge, fleurit tous les mois. Simple et touchant récit !

Ceux qui ne veulent pas du merveilleux, et ils sont assez nombreux à notre siècle, regarderont cette naïve histoire, ainsi que bien d'autres, comme un conte d'enfant. A quoi bon s'insurger contre la légende ? Le merveilleux n'a-t-il pas eu, à toutes les époques prise sur l'esprit humain ? Ne nous plaignons pas de ce goût, il nous a valu la littérature orientale et les grandes épopées du moyen-âge. Combien n'en a-t-on pas vus en ces derniers temps, qui ne se sont affranchis du dogme catholique que pour se courber sous le joug du spiritisme : ils n'ont pas voulu être disciples du Christ, ils se sont faits disciples d'Allan-Kardec !

Jusqu'en 1617 l'île Sainte-Marguerite appartint aux moines de Lérins, qui la louaient à bail à des paysans. A cette époque et dans le but de la protéger contre les incursions si fréquentes des pirates, les religieux cédèrent l'île, avec l'autorisation du pape, à Claude de Lorraine, duc de Chevreuse, qui, l'année suivante, la transmit à Charles de Lorraine, duc de Guise, prince de Joinville, gouverneur et lieutenant-général de Provence. Ce seigneur, pour récompenser la fidélité de Jean de Bellon, écuyer de Brignolles, lui fit don de l'île, à lui et à sa descendance. Jean de Bellon répondit au vœu des moines en construisant la forteresse, dont il donna le commandement au sieur Jacques Rippert (1).

1539. — Les Espagnols, sous le commandement d'André Doria, général de l'armée navale de Charles V, s'emparèrent des îles de Lérins ; ils les abandonnèrent presque aussitôt. En 1635 ils attaquèrent de nouveau l'île Sainte-Marguerite. Le commandant du fort, Jean de Bénévent, sieur de Marignac, jugeant la défense impossible, capitula et obtint des conditions

(Ce nom est encore porté par une famille cannoise, mais il s'orthographie avec un seul *p*.)

honorables. Devenus maîtres de l'île, les Espagnols construisirent cinq forts : 1° le *Fort-royal*, qui ceint la tour et redouble la fortification naturelle des rochers inaccessibles du côté nord ; 2° le fort de *Monterey;* 3° le fort d'*Aragon* à la pointe occidentale de l'île, on l'appelle à présent le *Dragon* ; 4° un autre fort à la pointe orientale avec une batterie de canons à fleur d'eau ; 5° la tour de *Batiguier*, défendue par le fort d'Aragon. Nous citons les positions de ces forts, parce qu'on en voit les ruines aujourd'hui encore.

L'armée navale, commandée par le comte d'Harcourt, renforcée par les troupes du maréchal de Vitry et de Mgr de Sourdis, archevêque de Bordeaux, chef du conseil de la marine, parvint à expulser les Espagnols, après quelques prises d'armes entravées plusieurs fois par la mésintelligence des chefs, et un combat acharné, où la noblesse provençale fit des prodiges de valeur. La Provence entière contribua au succès, et par les subsides et par l'action ; les grandes villes et jusqu'aux petits villages tels que Biot envoyèrent des renforts (1637). Richelieu prit possession de l'île au nom du Roi ; le gouvernement français fit détruire la majeure partie des fortifications. Un peu plus tard on comprit qu'une place, telle que la forteresse de Sainte-Marguerite, n'étant plus protégée par les bastions circulaires, pouvait facilement tomber aux mains de l'ennemi. Vauban, envoyé à Antibes pour diriger les fortifications de ce port, fut chargé de modifier celles de Sainte-Marguerite.

En 1707, le canon de cette île arrêta les troupes du

duc de Savoie se dirigeant vers Toulon. Le duc, furieux de voir sa course ainsi entravée, envoya un héraut à M. de Lamothe-Guérin, gouverneur de l'île, avec injonction de cesser le feu, sous peine de n'obtenir aucun quartier pour lui et sa garnison, quand il serait, comme il en paraissait certain, entré vainqueur dans l'île. Le gouverneur répondit au héraut : « Le premier qui aura l'audace de venir désormais avec un pareil message, je le ferai pendre sur le champ. » Et il continua le feu.

Trait héroïque qui a eu bien des imitateurs dans notre histoire, et nous pouvons le dire, dans l'histoire contemporaine !

Le duc de Savoie rendait justice à la bravoure du caractère français en disant : « C'est sous le feu de l'île Sainte-Marguerite que j'ai connu, mieux qu'en tout autre lieu, que j'étais en pays ennemi. »

En 1746, lors de l'invasion de la Provence par l'armée de Marie-Thérèse, les confédérés prirent Sainte-Marguerite, qui fut reprise, au bout d'un an, par le chevalier de Belle-Isle.

Après l'expulsion des Espagnols, le roi de France établit un gouverneur pour Sainte-Marguerite, le fort fut converti en prison d'Etat, où furent incarcérés des ministres protestants après la révocation de l'Edit de Nantes, des prêtres catholiques à l'époque des démêlés survenus dans l'Eglise de France par l'introduction de la bulle Unigenitus. Lagrange-Chancel y expia la publication des Philippiques, mémoire virulent contre le Régent.

Napoléon Ier, ce foudre de guerre, non content d'avoir fait taire l'Europe devant lui, voulait encore imposer silence à la parole et à la pensée : tandis que la retraite de Coppet recevait l'esprit viril de Mme de Staël, le fórt de Sainte-Marguerite renfermait tour-à-tour Omer Talon, la duchesse d'Escars, Mgr de Broglie, évêque de Gand. La détention étant moins rigide pour Omer Talon que pour ses devanciers, il en profita pour faire des ouvertures et des allées dans la forêt et créer le *Grand-Jardin*. Cet enclos est un des points les plus chauds de la Provence, on y voit s'épanouir des plantes d'Afrique, comme si elles étaient sur le sol natal. Au milieu du Grand-Jardin, est un bâtiment de forme carrée, dont on n'a pu jusqu'ici assigner ni la date, ni la destination primitive; puis l'élégante villa de M. Tournaire, ex-maire de Marseille.

Le souvenir historique qui domine tous les autres à la prison de Sainte-Marguerite est la captivité du *Masque de fer*, cruelle détention, dont l'histoire n'a pu encore pénétrer le mystère ; triste célébrité, bien triste en effet, si, comme tout porte à le croire, dix-sept années de réclusion dans une chambre humide, au milieu de murs de quatre mètres d'épaisseur, triple rang de barreaux aux fenêtres, n'avaient d'autre but que de faire expier à un innocent une naissance trop illustre! La curiosité historique s'est exercée à toutes les époques au sujet de ce mystérieux personnage : elle a cherché à voir en lui le duc de Monmouth, le surintendant Fouquet, le comte de Vermandois, le duc de Lauzun, un certain Mattioli, secrétaire du duc de

Mantoue, et le duc de Beaufort. Il est facile de faire justice de toutes ces assertions : à cette époque nul personnage d'importance ne disparut en secret de la scène du monde ; on connaît exactement la date et le genre de mort de tous ceux sous le nom desquels on a cru voir le Masque de fer.

Le duc de Monmouth fut décapité publiquement à Londres, par ordre du roi Jacques II, le 15 juillet 1665. Il faudrait donc supposer que ce roi, qui ne pardonnait jamais, avait fait grâce au duc de Monmouth, et prié Louis XIV de lui servir de geôlier, après toutefois qu'on eût pu trouver à Londres un Sosie assez complaisant pour se faire trancher la tête en public, afin de sauver celle du condamné.

Le surintendant Fouquet, après avoir expérimenté pendant dix-neuf ans de détention dans six prisons successives ce que valait la disgrâce d'un roi, décéda à Pignerol, le 23 mars 1680, sept ans avant la translation du Masque de fer à Sainte-Marguerite.

Le comte de Vermandois mourut de la petite vérole à Amiens (1683), à l'âge de 16 ans ; Louis XIV lui fit faire de somptueuses funérailles, et le Masque de fer ne fut transféré de Pignerol à Sainte Marguerite qu'en 1687.

Quant à Lauzun, les disgrâces du favori du grand Roi furent intermittentes, et s'il visita souvent la Bastille, il eut l'art de savoir s'en faire tirer ; il mourut le 19 novembre 1723, âgé de 90 ans, dans le couvent des Petits-Augustins, contigu à son hôtel où il s'était fait transporter pour y recevoir les soins des religieux.

Le comte Mattioli ne fut enfermé à Pignerol qu'en 1679 et le Masque de fer y était depuis 1662 ; quel intérêt d'ailleurs aurait eu la diplomatie à masquer le visage de ce prisonnier, arrêté, il est vrai, contrairement aux droits des gens, mais au sus et vu de toute l'Europe ?

Au premier abord, la supposition qui veut voir le Masque de fer dans le *héros de la Fronde* et le *roi des halles* paraît moins invraisemblable que les autres ; mais si le duc de Beaufort disparut subitement, les mémoires du temps affirment qu'il périt au siége de Candie (1669) où Louis XIV l'avait envoyé prêter son bras aux Vénitiens, et que sa tête fut portée au bout d'une pique, pendant trois jours, dans les rues de Constantinople.

La condition de ces divers personnages tout élevée qu'elle était ne semblerait pas suffisante pour expliquer les marques du respect obséquieux, dont était entouré le prisonnier anonyme. Saint-Mars, auquel était confiée exclusivement la surveillance de sa personne, ne lui parlait que la tête découverte, et jusqu'au dur et orgueilleux Louvois, qui se tint debout en sa présence, humble et respectueux, lors d'une visite qu'il fit au célèbre captif par ordre du roi Louis XIV.

Ne sachant comment tromper la surveillance rigide et incessante de son gardien, une nuit le prisonnier traça son nom avec son couteau sur une assiette d'argent (car il était toujours servi sur la vaisselle plate) puis la lança à la mer, vers un bateau amarré au pied de la tour ; le patron du bateau ramassa l'assiette et la porta au gouverneur. « — Sais-tu lire, lui dit Saint-Mars ? — Non monseigneur. — Eh ! bien, retourne à tes filets. »

Une autre fois,un frater aperçut sous les fenêtres de la prison, quelque chose de blanc qui flottait sur l'eau ; il le recueillit et le porta à Saint-Mars : c'était une chemise d'un linge très fin, sur laquelle le captif avait écrit. Cette fois encore le gouverneur demanda au frater s'il n'avait pas eu la curiosité de lire; malgré sa réponse négative, le malheureux fut trouvé le lendemain mort dans son lit. Dans la crainte que l'illustre captif ne recourût à des moyens analogues et que l'ignorance ne couvrît pas toujours le secret, on le transféra à la Bastille. Cette histoire est racontée par Papon, qui l'a apprise lors de sa visite aux Iles en 1778, d'un officier de la compagnie franche alors âgé de soixante dix-sept ans, et dont le père avait été contemporain du Masque de Fer.

Le mystère dont on enveloppait le nom du prisonnier connu de Saint-Mars seul, le luxe avec lequel il était servi, son goût pour le linge fin, goût particulier à la belle Anne d'Autriche, l'importance attachée aux deux épisodes ci-dessus mentionnés, le masque qui cachait nuit et jour ses traits trop semblables à ceux du roi, masque en velours, mais dont la postérité, dans un sentiment sympathique, a fait un masque de fer, le feuillet déchiré de son écrou à la Bastille, la simplicité de ses funérailles, le caillou mis à la place de sa tête dans le cercueil qui fut ouvert en 93 lors de la profanation des cimetières, ces circonstances réunies en disent assez pour faire présumer cet infortuné, issu de sang royal, fils de la reine Anne d'Autriche, frère du monarque, à la fière devise *Nec pluribus impar*, à qui la présence d'un aîné à la cour n'eût pas permis de dire : « l'Etat, c'est moi. » Au milieu des splendeurs orientales de ses palais, le Roi-Soleil pouvait-il reposer l'esprit calme, l'âme en paix? La conscience, qui ne dort pas, même au chevet des rois, ne devait-elle point lui faire entrevoir sous ses lambris dorés, les murs noircis du château-fort de Sainte-Marguerite, et mêler au murmure des cascades de ses jardins féeriques, le bruit des vagues qui frappaient la prison, et plus encore les gémissements du pauvre captif, *qui n'avait pas un ami, qui n'avait pas eu de mère* (1).

« On frémit en pensant aux souffrances cachées de « ce malheureux; on se demande si ce moyen qui « évitait un crime, n'était pas un crime plus atroce en- « core, et si une mort violente n'aurait pas été préféra- « ble pour lui à cette vie de réclusion, à son isolement, « à ce supplice inédit, à cette agonie qui dura soixante « ans. Que de fois le pauvre martyr a dû déplorer cette « fatale ressemblance avec le roi de Versailles, et en- « vier le lacet des sultans orientaux ! » Cette impression douloureuse qu'éprouva M. Prosper Mérimée à la vue de ce sombre cachot, est ressentie par tous les visiteurs, sans distinction de nationalité. Mais il avait dû depuis longtemps endormir la voix de la cons-

(1) Paroles tirées d'une romance touchante intitulée le « Masque de Fer. » Nous engageons les dilettanti à la chanter à Cannes; en sus du mérite de la composition, poésie et musique, il y aura la couleur locale.

cience, ce monarque qui laissait Corneille mourir de misère et Racine de chagrin, méconnaissait La Fontaine, envoyait en exil le stratégiste qui avait contribué à sa gloire, faisait raser le monastère berceau des gloires littéraires de cette époque, et signait la révocation de l'Edit de Nantes !

Sous le gouvernement de Juillet, pendant la guerre d'Afrique, et au commencement du second Empire, le donjon de Sainte-Marguerite fut affecté à la détention des Arabes. Ils étaient libres de se promener hors de la citadelle, de pratiquer toutes les cérémonies de leur religion. On les transféra ensuite au château de Pau. J'ai noté à ce sujet quelques observations qui pourront présenter de l'intérêt aux lecteurs qui n'ont pas visité les îles à l'époque de l'incarcération des bedouins (voir la note XII à la fin du volume).

Après la bataille de Montebello, lors de la dernière guerre d'Italie, la citadelle reçut quelques prisonniers autrichiens. Et de nos jours, elle vit dans ses murs le captif, dont le nom inséparable des malheurs de la patrie, s'est acquis une triste célébrité!...

Sainte-Marguerite a sept kilomètres de circonférence, tandis que Saint-Honorat n'en a que trois. Le bras de mer qui les sépare s'appelle le *Frioul.*

L'excursion à cette île offre aux touristes un panorama magnifique et une promenade dans la forêt, devenue praticable grâce à des voies tracées de nouveau depuis quelques années. Cette île est giboyeuse et l'Etat loue la chasse à des particuliers. Pendant que les visiteurs sont aux souvenirs historiques, les marins ne manquent pas de chercher des oursins en assez grand nombre sur le rivage de l'ile, et le petit poisson de roche pour la bouille-abaisse. (Voir la note XIII). L'âtre est improvisé dans le creux d'un rocher, l'appétit est aiguisé dans cette immense salle à manger, qui a pour tapis l'onde azurée, pour tenture l'Estérel et la riante plage de Cannes, et pour plafond le ciel bleu.

SAINT-HONORAT

Au temps où la plus grande des deux îles de Lérins, couverte en entier d'une épaisse forêt, s'appelait *Lero*, la plus petite, par opposition, était nommée *Planasia*. Il est facile de se convaincre par les débris de toute sorte qui jonchent le sol, pierres taillées, ciment ancien, fragments de briques, que cette île a reçu d'importantes constructions romaines ; au côté ouest de la Tour, est un autel votif dédié à Neptune avec une inscription latine. Plus anciennement encore, elle avait été habitée par quelque tribu celtique, détachée des peuplades qui occupaient les provinces méridionales et maritimes des Gaules, et qui auraient fondé la ville de *Vergoanum*, dont parle Pline. Nos marins modernes ont donné à cette île le surnom gracieux d'*Aigrette de la mer*. Après la chute de l'empire romain, Lerina, comme l'île voisine Lero, exposée aux incursions des pirates et des barbares, devint déserte et inculte. Elle était depuis plusieurs siècles privée d'habitants, infestée de serpents, quand en 410 saint Honorat, anachorète, dont nous avons déjà parlé au chapitre de l'Estérel, vint s'y fixer. Issu d'une famille noble de Toul, Honorat avait quitté sa patrie, pour mener en Orient, avec son frère Venance et le vénérable Capraise, la vie érémitique. Venance ayant succombé aux austérités de sa pénitence, Honorat ne voulut pas demeurer plus longtemps dans ces lieux qui lui rappelaient un frère tendrement aimé ; il revint en Gaule, et se fixa au Cap Roux sur la proposition de saint Léonce, évêque de Fréjus, qui aurait voulu le conserver près de lui pour l'administration de son diocèse. Mais sa solitude fut bientôt peuplée d'une foule de visiteurs, attirés par la réputation de ses vertus et l'éclat de ses miracles ; pour s'y soustraire, il résolut de se cacher dans l'île de Lerina, avec le vénérable Capraise, compagnon inséparable de sa pénitence et de ses travaux. On raconte que le saint trouvant l'île infestée de reptiles vénimeux, chercha un refuge au haut d'un palmier, et qu'ayant prié Diéu, les serpents expirèrent et furent engloutis dans les flots de la mer soulevée par une violente tempête. En mémoire de ce prodige, on plaça dans la suite deux palmes dans le blason des abbés commendataires de Lérins.

On rapporte aussi qu'à la prière d'Honorat l'eau douce sortit du rocher, comme au désert elle avait obéi à la baguette du Législateur d'Israël. Ces deux miracles rendirent l'île habitable.

La piété de saint Honorat engagea un grand nombre d'hommes à se mettre sous sa discipline. Il fut ainsi conduit à établir les monastères d'Occident, qui eurent pour but d'unir le travail intellectuel aux austérités des pères du désert, et il devint le propre fondateur de ce monastère de Lérins, célèbre dans les annales ecclésiastiques, et qui fut pendant le Moyen-Age, l'oasis bénie de la science et de la vertu. Sous la pioche des moines, l'île se transforma et retrouva sa première fertilité : les écrits des religieux en font foi, ils n'ont pas assez de louanges pour vanter l'île verdoyante, la douce solitude, leur chère Lerina (1). C'est dans cette paisible retraite que se formèrent ces fervents disciples du Christ, qui de là ont porté dans le monde des trésors de foi et de charité : tels on vit saint Hilaire, évêque d'Arles, réparant les maux causés par les invasions des Barbares ; saint Loup, dont la vertu héroïque protégea la ville de Troyes contre les fureurs du terrible Attila ; saint Césaire d'Arles, rachetant avec le prix des vases sacrés les prisonniers faits par les Ostrogoths ; saint Vincent, auteur du Commonitoire (2); saint Eucher qui disait « que si la charité voulait se faire peindre elle devrait emprunter les traits de saint Honorat ; » Saint Hilaire, évêque de Poitiers, que saint Jérôme appelait *le Rhône de l'éloquence latine* ; Valérien de Cimiez.; Salvien surnommé le Jérémie de son siècle ; Patrice, l'apôtre de l'Irlande... Plus tard la Monge, de la famille gênoise des Cibo, vint cacher sa noble origine et ses talents sous le froc du religieux ; il illustra le règne du roi René comme peintre, historien et commentateur d'anciennes poésies. Barralis,

(1) Voir la note XIV.
(2) Voir la note XV.

à la fin du XVme siècle, composa la *Chronologie de Lérins* des poésies latines et des inscriptions pour les nombreux monuments et chapelles qui couvraient l'île.

L'île de Lérins fut appelée Saint-Honorat, après la mort du pieux cénobite. Quelques siècles plus tard, les vertus du cloître et le martyre des moines la firent surnommer l'île des Saints. En effet, il était grand le courage de ces hommes qui embrassaient à Lérins la vie monastique! L'île unie et sans défense se trouvait exposée plus que tout autre point du rivage aux attaques des corsaires; mais pouvaient-ils craindre la mort ces athlètes généreux qui mouraient chaque jour à leurs passions et à eux-mêmes? En 690 l'île comptait 3,000 religieux. En 725 cinq cents moines tombent sous le cimeterre des Sarrasins, n'opposant, à l'exemple des martyrs de la Légion Thébaine, aucune résistance à leurs persécuteurs, entre autres saint Ferréol, dont le nom fut donné à un îlot situé à l'est de l'île Saint-Honorat.

Longtemps après que la victoire de Poitiers eut sauvé la France du flot envahisseur de l'Islamisme, la fertilité de la Provence, ses ports ouverts, ses riches monuments attiraient les disciples de Mahomet, qui y firent de fréquentes irruptions jusqu'au Xme siècle, époque à laquelle Guillaume Ier, prince de la première maison de Provence, les expulsa du Fraxinet après un combat mémorable, comme nous l'avons dit précédemment.

Au XIme siècle Aldebert II, abbé de Lérins, conçut le projet de fortifier l'île, et jeta les fondations de la

Tour ou château, qu'on mit 90 ans à bâtir. Cette construction considérable contenait 4 étages, 86 pièces, plusieurs escaliers, 1 bibliothèque, 2 citernes et 4 chapelles : dans celle du premier étage, les abbés commendataires venaient prendre possession de l'abbaye. Tout fortifié qu'était ce donjon, il tomba au pouvoir des pirates gênois, qui s'en rendirent maîtres après un siége de seize jours ; à l'exemple de leurs devanciers et malgré leurs promesses, ils livrèrent l'île entière au pillage.

Le pape Adrien VI, venant d'Espagne pour se rendre à Rome, visita l'abbaye de Lérins.

Les Espagnols ravagèrent l'île, lors de la trahison du connétable de Bourbon (1524).

La flotte espagnole, qui conduisait François Ier fait prisonnier à Pavie, relâcha à Lérins, et le royal captif passa une nuit au monastère (1525). L'île fut encore prise par André Doria (1536) et définitivement en 1635 par les Espagnols, déjà maîtres de Sainte-Marguerite; ils couronnèrent le château de machicoulis et établirent à l'entour de l'île Saint-Honorat des fortifications; on en voit encore les ruines à fleur d'eau; la plus importante était la Tour de Batiguier, dont nous avons parlé au chapitre de Sainte-Marguerite.

En 1637 lorsque l'armée française, sous les ordres du comte d'Harcourt et du maréchal de Vitry, se fut rendue maîtresse de Sainte-Marguerite, elle se tourna vers Saint-Honorat et délogea les Espagnols de la Tour, où ils s'étaient concentrés, après avoir été obligés d'abandonner les forts.

En 1746, l'île Saint-Honorat fut prise et occupée pendant un an par les Anglais et les Autrichiens, et reprise (1747) par le chevalier de Belle-Isle.

Un boulet au-dessus duquel on a inscrit le millésime 1779 prouve que cette localité a reçu le contre-coup des guerres de l'Indépendance.

Les donations des évêques et des seigneurs provençaux avaient accru considérablement les biens du monastère, dont la juridiction s'étendait sur la Napoule, le cap Roux, les églises et domaines sis sur le territoire de Cannes, Grasse, Antibes, Vence, Valbonne, Fréjus, etc. Les richesses, l'oisiveté, les conséquences du schisme d'occident, les luttes entre les rois de France et les papes, les démêlés des moines avec les abbés commendataires avaient profondément altéré la discipline et diminué l'esprit de ferveur qui animait les premiers disciples d'Honorat. Le pape chargea le cardinal d'Amboise de réformer le monastère (1515) ; celui-ci s'adjoignit Augustin de Grimaldy, abbé de Grasse, évêque commendataire de Lérins, qui se démet de sa commende et appelle des Cassinistes de Sainte-Justine de Padoue. La discipline et les études fleurissent de nouveau avec cet ordre, qui nous montre un Lascaris et un Benarion. Quelques siècles après, le relâchement s'introduisit encore à Lérins, et en 1788 le nombre des moines était réduit à quatre, lorsque eut lieu, par ordre du gouvernement, la sécularisation.

En 1791, l'île déclarée propriété nationale fut acquise aux enchères publiques à Grasse, par M. *Alziary de Roquefort*, avocat à la petite ville de Saint-Paul, située entre Grasse et Vence. Il avait deux filles qui, sous le nom de *Sainval*, brillèrent avec un talent égal à la comédie française, dans les tragédies de Voltaire et les pièces de Molière. Elles avaient puisé le goût du théâtre au pensionnat des religieuses d'Antibes, qui, selon l'usage inauguré par la Maison de Saint-Cyr, faisaient jouer des pièces par leurs élèves. Aux rigides mentors qui incriminent ce mode de distractions, on peut répondre, en tenant en main les deux chefs d'œuvre de Racine, *Esther* et *Athalie*, que ce génie timoré ne les eût jamais composés sans cet aiguillon. L'ainée des deux sœurs, Blanche Alziary de Roquefort, dégoûtée par les vicissitudes de la vie théâtrale, lassée de l'inanité du succès, se retira à l'*île des Saints*, et y fortifia son âme par les grandes pensées de philosophie et de foi, qu'inspirent la solitude et la vue d'une belle nature.

En 1830 l'île fut achetée par M. Sicard (de Cannes) et revendue par lui en 1856 à M. Sims, ministre anglican. La mort ne lui permit pas de mettre à exécution le projet de relever l'antique monastère de Lérins. L'architecture féodale lui plaisait beaucoup, et il fit construire le château de la Bocca dans le style du donjon de Saint-Honorat.

Mgr Jordany, évêque de Fréjus, se souvenant qu'il comptait parmi ses collatéraux un abbé commendataire de Lérins, tenait à restituer l'île à sa population primitive; aidé par son diocèse, il put s'en rendre acquéreur en 1859. Le généreux projet de M. Sims n'est pas encore exécuté : la Tour subsiste à l'état de ruines, mais le vœu de Mgr Jordany est à peu près accompli : des religieux Cisterciens de la règle de saint Bruno habitent l'île, et tiennent un orphelinat, où les enfants sont élevés gratuitement et apprennent des métiers. Les Pères ont entouré de murs de clôture la partie de l'île qui renferme l'ancien cloître, le réfectoire, le cimetière, la plupart des ruines portant des inscriptions, les chapelles, dont la plus grande dédiée à Saint Honorat est nouvellement reconstruite, la *cour des Martyrs* où les 500 moines furent massacrés par les Sarrasins. L'entrée de cette partie de l'île est interdite aux femmes.

En suivant le travail de M. Prosper Mérimée, *Notes d'un voyageur dans le Midi*, on peut reconstituer par la pensée le monastère tel qu'il a dû être aux jours de son antique gloire.

Les grandes familles de Provence eurent pendant des siècles leur sépulture à Lérins : quelques épitaphes encore lisibles prouvent que ces puissants seigneurs ont espéré en vain, pour eux et pour leurs proches, le repos dans la tombe, car leurs dépouilles ont été souvent troublées. A une époque peu éloignée, le cimetière fut défriché, les ossements jetés à l'eau ; mais Celui auquel les vents et la mer obéissent suscita une violente tempête, qui vengea cette profanation, en rejetant les ossements sur le rivage.

Pendant tout le Moyen-Age et au-delà le pèlerinage à Saint-Honorat était en dévotion chez les Provençaux. D'anciennes légendes nous montrent des bandes immenses s'y rendant de tous les points de la Provence.

Qu'il devait être touchant et beau ce spectacle de chrétiens, unis dans un même sentiment de foi et d'amour ! Les pieux pèlerins se préparaient dès longtemps à ce saint voyage, mettant en pratique le conseil évangélique du pardon, se donnant le baiser de paix avant le départ ; quiconque avait reçu quelque injure et refusait de pardonner était exclu du saint voyage. Les pèlerins traversaient les montagnes et la mer en chantant des cantiques (1) ; arrivés à l'île, ils visitaient les six chapelles, avant d'entrer dans la grande église dédiée à Saint-Honorat ; après avoir demandé avec ferveur les grâces pour lesquelles ils avaient entrepris leur sainte course, ils allaient boire de l'eau au *puits du miracle*, cueillir des branches au palmier légendaire. L'inscription latine qui surmonte le puits es de 1600, elle a été composée par Barralis.

La visite à l'île Saint-Honorat impressionne doucement l'âme. La solitude, le calme, le silence de la nature, interrompu seulement par le bruit régulier des vagues qui viennent se briser sur le château, invitent à la méditation et au recueillement. Les souvenirs de tous les ordres religieux se pressent à l'esprit : on voit le moine, l'homme de la retraite et du travail, opposant sa faible plume au fer dévastateur des barbares, et leur arrachant les traditions et les gloires de la littérature ancienne. On pense à ces patientes études du cloître, aux Bénédictins, aux Bollandistes ; on admire la persévérance de ces moines studieux, dont quelques-

(1) Voir la note XVI.

uns inconnus au monde ont consacré leur vie entière à transcrire, à orner un seul volume; entre autres le missel de l'église Saint-Ouen, à Rouen ; le livre d'heures de la reine Anne de Bretagne. On pense à ce religieux, dont le nom est encore un objet de contestations, qui écrivit un des plus beaux livres qui soient sortis de la plume d'un homme : l'*Imitation!*

Les ravages du temps et les dégradations causées par la main des hommes, qui se sont fortement appesantis sur la Tour et les monuments de l'île, sont restés impuissants contre les richesses de la nature. Lérins est aussi fertile aujourd'hui qu'aux jours bénis célébrés par la poésie de ses Pères ; s'ils apparaissaient dans leur solitude, l'un d'eux s'écrierait encore : « Non « l'univers entier n'offre pas de séjour plus beau que « Lérins ! Elle voit se dérouler au loin une mer im- « mense, elle offre une plaine en tout temps parée de « verdure. Le lentisque, le myrthe, le laurier, les « touffes de genêts flexibles, une herbe toujours odo- « rante y entretiennent le printemps. Les oiseaux « remplissent l'air de leurs doux chants ; Philomèle « soupire ses plaintes harmonieuses. L'eau douce « coule au milieu de l'amertume des mers. »

La race des Gardanne n'a pas disparu, et sauf l'industrie de la contrebande, Saint-Honorat reçoit journellement de gais visiteurs, qui, peu soucieux des souvenirs historiques, viennent là, comme à Sainte-Marguerite, déguster le mets classique provençal, la bouille-abaisse.

Dans cette île aimée du ciel et de la mer, la température est plus douce l'hiver que sur le littoral ; l'été, la brise tempère plus sensiblement les ardeurs de la canicule. En cette saison, des familles cannoises s'établissent sous des tentes, et y séjournent des mois entiers. Aucune villégiature n'est comparable à celle-là ; tout s'y trouve réuni : le pittoresque, le calme de la nature, des nuits tropicales, la pêche, les bains de mer. Les services quotidiens des bâteaux à vapeur de Cannes apportent les objets d'alimentation nécessaires aux natures mêmes les plus enthousiastes et les plus poétiques.

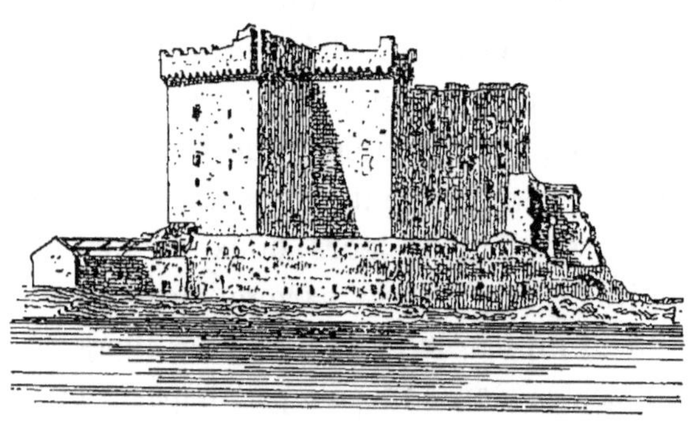

IX

CANNES

SON HISTOIRE, — SES ILLUSTRATIONS

L'histoire primitive de cette contrée ne remonte pas au-delà de 200 ans avant J.-C. A cette époque le sol était occupé par une peuplade de Celto-Liguriens, nommés *Oxybiens*. Ils avaient deux villes principales : *Ægitna* mentionnée par Polybe, et *Oxybia* dont parle Strabon. Les historiens ne sont pas d'accord sur la position de ces villes : les uns placent Ægitna au Golfe-Juan au pied du plateau des Incourdoules; les autres autour de la colline du Mont-Chevalier. Quelqu'en soit le nom, il est hors de doute que la ville bâtie sur l'emplacement actuel de Cannes fut détruite l'an 155 avant J.-C. par les légions du consul Q. Opimius, envoyées en ces parages par le Sénat romain, auquel les colonies marseillaises d'Antibes et de Nice avaient de-

Pour l'histoire de Cannes, lire l'ouvrage de MM. Girard et Bareste, *Cannes et ses environs*.

mandé du secours contre les Déciates et les Oxybiens. Selon d'autres historiens les noms d'Ægitna et d'Oxybia doivent être pris indifféremment pour indiquer la même ville, qui du temps de Strabon, s'appelait déjà Cannes. Ces auteurs font dériver le nom moderne du nom primitif d'Ægitna, mais le plus généralement on attribue cette étymologie aux roseaux qui couvraient le sol.

La ville, détruite de fond en comble par les Romains, fut relevée peu après, sous le nom de *Castrum-Massiliorum*, par les Massiliens (Marseillais), auxquels le consul Opimius abandonna toutes les terres conquises sur les vaincus. En raison des contradictions des auteurs anciens, quelques écrivains modernes veulent que Marius, le vainqueur des Teutons, ait établi en ce lieu un des *horrea belli* destinés aux approvisionnements des armées romaines. Il est certain que le grand guerrier, tiré de la classe plébéienne, contrairement à l'usage, et promu à la dignité consulaire, dans le but d'arrêter la marche des barbares vers Rome, améliora le port de Castrum en vue des provisions de guerre, répara les routes, notamment celle qui de Rome allait jusqu'en Espagne, traversait la Ligurie, et devait plus tard être appelée *Via Aurelia*. Les Provençaux nomment encore aujourd'hui les ruines de cette voie magistrale *lo camin Aurélian*.

Castrum Massiliorum eut à souffrir les fréquentes invasions des Sarrasins, qui de 730 à la fin du Xme siècle, infestèrent les côtes de la Provence, jusqu'à ce que Guillaume Ier, comte de Provence, les eût définitivement chassés du *Fraxinet* (972), où ils avaient établi leur repaire. Dans une de leurs sanglantes irruptions, ils brûlèrent la ville, qui fut rebâtie par les Gênois.

Au Moyen-Age, Cannes passa sous la crosse abbatiale des moines de Lérins, en vertu de la donation faite par Guillaume Gruetta (990) et confirmée (1131) par Raymond Béranger, dernier comte de Provence. L'abbé commendataire, en sa qualité de seigneur, recevait au château de Cannes les principaux habitants du bourg, et s'engageait, sans préjudice toutefois de fortes redevances, à maintenir certains droits de franchise, en raison desquels la cession avait été consentie par le comte Béranger qui, par ce motif, avait fait substituer le nom *Castrum francum* à celui de Castrum Massiliorum.

En 1592 le duc de Savoie Charles-Emmanuel, à qui la baronne Suzanne de Villeneuve avait opposé une résistance héroïque sous les murs de Mouans, furieux d'avoir échoué en Provence, repassa le Var, saccagea Antibes et s'empara de la place de Cannes; mais en 1635 cette même place repoussa l'attaque des Espagnols, alors maîtres des deux îles. L'année suivante, les chefs de l'armée navale levée par Richelieu s'assemblèrent au château de Cannes; un différend grave, survenu entre le maréchal de Vitry et le comte d'Harcourt, fit enfermer le maréchal à la Bastille, et retarda d'un an l'attaque des îles.

En 1707 et en 1746, lors de la guerre de la succession, Cannes tomba passagèrement au pouvoir des Impériaux.

Sauf quelques cas isolés et de peu d'importance, la paix de ce séjour fut rarement troublée. Sur la route de la péninsule italique, objet à toutes les époques de la convoitise des conquérants, Cannes fut traversée par les troupes des héros perturbateurs du monde, sans en être inquiétée. A l'abri des commotions politiques qui modifièrent si souvent la carte de l'Europe, cette jolie petite ville sommeilla paisiblement de longs siècles sous un doux rayon de soleil. Les guerres de religion, si vives en Provence et tout près de là, à Grasse, pas plus que la tourmente révolutionnaire n'altérèrent la tranquillité dont elle jouissait au fond de son beau golfe.

ILLUSTRATIONS. — Cannes a vu naître le Père *Muret*, prêtre de l'Oratoire, premier secrétaire d'ambassade en Espagne, aumônier du duc de Vivonne; orateur, il prononça en 1687, à Marseille, le panégyrique de Louis XIV.

Le Père *Honoré* (1632), capucin missionnaire, prédicateur apprécié de Bourdaloue et de Bossuet. Louis XIV ayant voulu connaître le jugement de Bourdaloue sur le talent oratoire de ce moine, dont les sermons attiraient la foule en province comme à Paris, l'illustre, mais trop modeste orateur, répondit : « Sire, le Père Honoré déchire les oreilles, mais il fend « les cœurs, et on restitue à ses sermons les bourses « qu'on a volées aux miens. » Bourdaloue faisait allusion à l'accent provençal du prédicateur et à son talent de persuasion. Le nom d'Honoré lui fut donné en religion ; par sa naissance, il appartenait aux familles Raymond et Darluc, encore subsistantes à Cannes.

Le cardinal *Latil* (1761), fils d'Antoine Latil, commandant de l'île Sainte-Marguerite. Il sacra Charles X ; et fidèle à son roi dans la mauvaise fortune, suivit en exil le monarque descendu du trône à la suite des ordonnances de juillet 1830.

Cannes a vu naître et mourir (1736-84) le poète Honoré-Joseph *Méro*, auteur dramatique, précepteur du prince de Condé, qui fut le père de l'infortuné duc d'Enghien. Le nom de Méro existe encore à Cannes et à Grasse. Un Méro, maire de Cannes, sous le second empire, a beaucoup fait pour la localité et contribué à la canalisation de la Siagne.

Et dans ce siècle (1810) Cannes a donné le jour à l'abbé Louis *Alliez*, si justement aimé et admiré de ses compatriotes. Professeur au séminaire de Grasse, puis aumônier de marine sur le vaisseau-amiral commandé par le comte Duquesne, ensuite curé de Vallauris, ses talents l'eussent élevé aux plus hautes charges ecclésiastiques, si le goût de l'étude et les exigences d'une faible santé ne l'eussent jeune encore conduit vers la retraite. Doué d'une élocution facile, il prêcha avec succès dans la Provence et le Languedoc, à Nice, à Paris. Poète par la pensée, d'une imagination vive, mais tempérée par la saine raison et fortifiée par une érudition profonde, il reflétait dans son éloquence les brillantes couleurs et les riantes images du paysage où il était né, des climats orientaux entrevus dans ses navigations. Retiré à Draguignan avec le modeste titre de chanoine honoraire de Fréjus, il mena durant vingt ans, dans la piété, la retraite et le travail la vie d'un bénédictin, et s'éteignit doucement, en juillet 1875, au milieu de ses livres. De ses profondes études, de ses doctes recherches, l'abbé Alliez a laissé un monument remarquable, l'*Histoire du monastère de Lérins*. M. de Montalembert fit l'éloge de ce savant ouvrage, et l'Institut de France émit le regret de ne l'avoir pas connu à temps pour le couronner (1).

De hautes intelligences se sont éteintes à Cannes. En avril 1859, le comte *Alexis de Tocqueville*, membre de l'Académie française, lauréat du prix Montyon. Il n'était pas de ces amants platoniques de la liberté, hommes d'Etat ou jurisconsultes, qui l'admirent à distance et la veulent simplement chez les peuples d'outremer ; mais épris d'enthousiasme pour les institutions démocratiques de l'Amérique, qu'il avait étudiées sur place dans une mission du gouvernement français, il n'a cessé par ses écrits et par ses actes de travailler à implanter ces principes dans les lois et les mœurs de son propre pays.

En 1863, *Jean Reynaud*, philosophe, littérateur, ex-représentant du peuple à l'Assemblée nationale de 1848, est décédé à sa villa au Golfe-Juan.

En janvier 1870 *Victor Cousin* à la villa Desanges.

(1) Nota. — L'auteur possède une lettre autographe du comte Charles de Montalembert écrite à M. l'abbé Alliez. Après de grandes louanges de l'œuvre, il dit que l'*Histoire du monastère de Lérins* l'a obligé à refaire des parties inexactes de l'ouvrage des moines d'Occident.

Professeur à l'Ecole normale et à la Sorbonne, membre de deux académies, pair de France, ministre de l'instruction publique dans le cabinet Thiers en 1840. Le fondateur de l'école de la *Philosophie éclectique* quittait à ses heures de gaîté et de bonne humeur les abstractions de la métaphysique pour se faire, à deux siècles de distance, « le chevalier des grandes dames du XVIIme siècle. » Moins galant avec ses contemporains, l'illustre endolori aimait à reconnaître franchement que le climat de Cannes avait produit le double effet d'adoucir ses atroces douleurs rhumatismales et les angles de son caractère (*sic*).

Le maréchal de France, *Regnaud de Saint-Jean-d'Angely* est mort à Cannes le 1er février 1870, à la villa Montaret, et non pas à Nice, comme l'indique le *Dictionnaire des Contemporains* de Vapereau.

En mai de la même année, succomba *Lord Brougham*, à l'âge de 90 ans.

Puis, en septembre, *Prosper Mérimée*, membre de l'Académie française, sénateur sous le second empire, littérateur, archéologue, auteur de la *Chronique de Charles IX* et du joli roman corse *Colomba*, qui est dans toutes les mains.

A toutes les époques Cannes a compté d'illustres visiteurs. En 1793, Bonaparte, promu au grade de général de brigade, y séjourna quelque temps pour remplir la mission d'armer les côtes de la Provence. Il y passa plusieurs fois, lors de la brillante campagne d'Italie et, après que son étoile eût pâli, il y revint à l'aurore des Cent-Jours. — Cannes reçut le pape Pie VII se rendant à Paris pour le sacre de Napoléon Ier. Des princes et princesses de toutes les maisons régnantes d'Europe ont séjourné à Cannes. Le talent et le génie, fatigués par le travail ou par l'inclémence des climats septentrionaux, sont venus souvent demander à ce ciel régénérateur le repos, ou l'inspiration pour de nouvelles œuvres. Parmi les hôtes remarquables de Cannes, on compte : Châteaubriand, Odilon Barrot, Mme Sand, Clésinger, Thiers, Prévost-Paradol, Alphonse Karr, Viollet-Leduc, Albéric Segond, Barthélemy Saint-Hilaire, Charles Garnier, etc. — Batta, Vieuxtemps, Mmes J. Lind, Madeleine Brohan, Ristori, Frezzolini, les deux Patti, Nilson, ont contribué au succès de représentations données en faveur des pauvres.

L'enthousiasme avec lequel Châteaubriand a dépeint, dans ses lettres à Mme Récamier, ce joli coin de terre provençale montre assez que l'auteur des *Natchez* et d'*Atala* n'avait pas épuisé sa poétique admiration devant les saisissantes beautés du Nouveau-Monde.

X

LE ROMÉRAGE DE SAINT CASSIEN

Fête annuelle au 23 juillet

Les fêtes patronales, dont l'origine est le sentiment religieux, ont souvent encore pour but, dans les campagnes, le pèlerinage vers un sanctuaire dédié au saint particulier à la localité; alors que dans les villes et les villages la tenue des marchés est devenue leur principal objet. Les noms donnés à ces assises religieuses ou commerciales varient selon les pays : on les appelle *foires* aux environs de Paris, *pardons* en Bretagne, *vogues* dans le Languedoc, *festins* dans la partie des Alpes-Maritimes qui formait l'ancien comté de Nice, et dans toute la Provence on les nomme *romérages*. L'étymologie de ce mot remonte au moyen-âge : dès les premiers siècles du christianisme, les pèlerinages étaient déjà en usage : avant que les croisades n'eussent porté le flot des pèlerins jusqu'au sépulcre du Christ, on se contentait de s'agenouiller au tombeau des Saints Apôtres, on allait à Rome, de là l'expression *Romam agere*, d'où semble venu le mot romérage. Avant l'ère chrétienne, on voit les Celtes s'assembler, en certains jours, à des endroits fixes, pour célébrer par des danses, des jeux, des offrandes de fruits, la fête d'un canton ou celle de quelque divinité tutélaire.

Le romérage dit de Saint-Cassien a lieu chaque année le 23 juillet, à l'ermitage de ce nom. Avant d'entrer dans les détails de la fête, faisons l'historique du lieu.

Le tertre de Saint-Cassien, situé à 4 kilomètres ouest de Cannes, dans la plaine de Laval, près de l'embouchure de la Siagne, a attiré l'attention des géologues et des historiens ; les premiers y voient un poudingue tertiaire, les seconds un camp retranché, qu'auraient élevé les généraux de Vitellius pour lutter contre les légions d'Othon, lors des guerres de ces deux compétiteurs à l'Empire. La paix revenue, les maîtres du monde mirent à profit cette éminence pour leur servir de lieu d'observation et de défense, afin de protéger du côté de la terre la voie aurélienne, et du côté de la mer l'abordage des galères. Plus tard, ils élevèrent un temple à Vénus, sous le vocable d'*araluci* (autel du bois sacré), d'où provient l'appellation d'*Arluc* donnée d'abord à ce monticule. Un village du même nom, situé naguère au pied du mont d'Arluc, mais disparu aujourd'hui, a eu de l'importance à l'époque romaine et au moyen-âge ; nous en avons parlé au chapitre des Promenades.

Au septième siècle, saint Nazaire, abbé de Lérins, fit détruire le temple de Vénus, et élever à la place une église dédiée à saint Etienne, premier martyr. Une grande dame d'alors, qu'on croit être Hélène princesse de Riez, fonda en ce lieu un monastère de femmes. saint Nazaire agit d'après le procédé ordinaire à toutes les religions, qui consiste à substituer un culte à un autre, soit en changeant seulement le vocable du temple, soit en bâtissant un nouveau sanctuaire avec les ruines de l'ancien. « Ainsi le Par-« thénon d'Athènes, après avoir été voué à Minerve, « la vierge païenne, passa sous l'invocation de Marie, « Reginæ Virginum. Sainte Sophie de Constantinople, « élevée par la main du premier empereur chrétien, est « aujourd'hui la mosquée principale des disciples du « Coran, et la majeure partie des églises de Rome, « le Panthéon, l'Ara Cœli, du paganisme ont été « consacrées au culte du vrai Dieu. » (1)

Quelques fouilles pratiquées au vieux Mont-d'Arluc amèneraient sans doute des découvertes intéressantes parmi les vestiges de monuments païens et chrétiens que ce tertre doit recouvrir.

Au dixième siècle, les religieuses d'Arluc, effrayées des irruptions multipliées que les Sarrasins faisaient sur les côtes de la Provence, se dispersèrent et le monastère fut abandonné.

En 1366, lorsque le pape Urbain VI soumit Lérins au monastère de Saint-Victor, sis à Marseille, dont il avait été abbé, une petite chapelle fut élevée au Mont-d'Arluc et dédiée à *Saint Cassien*, fondateur de l'abbaye Saint Victor; et dès lors le culte de ce saint attira sur ce point la foule des pèlerins.

(1) *Les Iles de Lérins, Cannes et les rivages environnants,* par M. l'abbé L. Alliez. 1 volume.

La première République voulut vendre la chapelle et le monastère comme biens nationaux ; un membre du district de Grasse reçut ordre de se diriger vers Saint-Cassien avec une escouade de 200 soldats pour procéder à la vente. Les Cannois avertis se levèrent en masse, sonnèrent le tocsin, et occupèrent le monticule avant l'arrivée de la troupe : on parlementa les armes à la main, le fusil s'inclina devant la croix et les habitants de Cannes sauvèrent ce lieu vénéré.

Peu de jours après, le mont Saint-Cassien fut acheté aux enchères publiques par quelques habitants de Cannes ; et depuis lors le petit domaine est possédé par plusieurs co-propriétaires. La population cannoise se montre fidèle à la tradition de ce romérage ; en y manquant, elle croirait faillir aux us et coutumes de la vieille Provence.

Cette fête occupe longtemps à l'avance les esprits à Cannes : les jeunes filles préparent leurs plus fraîches toilettes ; les jeunes gens dégourdissent leurs jambes en vue de la *farandole* (1) ; tout va de front : on requiert le clergé pour célébrer des messes à la chapelle de l'ermitage, et parmi les ménagères c'est à qui fera le plus bel élève dans la basse-cour et confectionnera les plus volumineux pâtés. Le 23, dès l'aurore, on voit les populations affluer de toutes parts : les omnibus, chars-à-bancs sillonner les routes du côté de Fréjus et du côté du Var ; et les pèlerins descendre des montagnes de Tanneron et de Grasse. Un flot de cava-

(1) Voir la note XVII.

liers, de piétons, de voitures de toute sorte, depuis le modeste attelage de l'âne jusqu'au confortable landau, ne cesse d'envahir Saint-Cassien pendant tout le jour. Nous ne sommes pas étonné de cet immense concours. Nous avons assisté à plus d'une fête de village, et rarement nous avons été aussi doucement impressionné que par le site de Saint-Cassien. De jolies échappées de vue laissent découvrir, du haut de la colline, la mer bordée par de fraîches prairies, qui rappellent les plages normandes, mais où l'olivier séculaire et le majestueux pin parasol remplacent avantageusement le peuplier et l'ormeau. Que les artistes désireux de reproduire des scènes champêtres viennent à Saint-Cassien, ils y trouveront de nombreux motifs : les cafés en plein air sont décorés par des guirlandes de feuillage ; plus loin les chevaux broutent l'herbe fraîche en liberté; ici les paysans, accoutumés aux ardeurs du soleil, dansent tout le jour au son du fifre et du tambourin ; pendant que les pèlerins sérieux portent bouquets et prières à la chapelle du saint. Le plus joli coup-d'œil est sans contredit sur les six heures : alors la musique cesse, chacun songeant à réparer les forces perdues et à se prémunir contre les fatigues du soir, se dirige vers les cuisines en plein air, où, suivant le mode des festins décrits par Homère, la même broche enfile un grand nombre d'infortunées victimes. En ce jour, les Provençaux ne font pas acte de patriotisme culinaire : la bouille-abaisse, l'aïoli battent en retraite devant l'armée formidable des gigots et des poulets. La nature se charge de dresser les tables et les siéges des dîneurs; les fourchettes sont parfois absentes, comme aux premiers jours du monde; mais le liquide n'est assurément pas celui d'une claire fontaine, et de copieuses libations font honneur aux bons crus de Bellet, de la Colle, de Saint-Jeannet. A la chute du jour, la salle de bal, à ciel ouvert, s'illumine; avec une fraternité digne de l'âge d'or, on voit se mêler, aux danses des contadins et des artisans, le riche propriétaire et jusqu'aux hôtes cosmopolites de Cannes qui, tout blasés qu'ils soient d'ordinaire, trouvent, à leur insu peut-être, des émotions dans cette fête champêtre. Le romérage, commencé au point du jour par l'audition des messes, finit par le bal entre 11 heures et minuit. Il est temps alors de regagner son gîte; et si l'on excepte la gent chevaline, qui multiplie en ce jour ses services, et comme toujours paie en souffrances les plaisirs des hommes, le romérage de Saint-Cassien n'aura fait que des heureux!

XI

CONSIDÉRATIONS GÉNÉRALES SUR LA PROVENCE

L'histoire de la *Provence* offre de l'intérêt au savant qui veut parcourir ses annales, consulter les traditions locales, rechercher les documents nombreux recueillis sur ce pays, ou consulter les travaux pleins d'érudition que les écrivains provençaux ont publiés sur leur pays natal.

Rentrée en possession d'elle-même, après la chute de l'Empire Romain et l'expulsion définitive des Sarrasins, la Provence jouit d'une paix durable sous le gouvernement paternel de ses rois et comtes. Tandis que les villes du Nord de la France luttaient et souffraient pour obtenir les franchises communales, les villes de la Provence possédaient une indépendance analogue à celle des cités italiennes, avec lesquelles nous les voyons faire des traités d'alliance offensive et défensive. De ses ports partent les expéditions d'Orient ; sous le règne de Baudoin, roi de Jérusalem, ils approvisionnent la Palestine. Louis IX s'embarqua pour les *croisades* à Aigues-Mortes et à Fréjus, éloignées aujourd'hui de la mer de plusieurs kilomètres. Enfin, lorsque Charles III, dernier prince de la maison d'Anjou, mort sans postérité, (1482) légua ses possessions au roi de France, les Provençaux, jaloux de leurs droits, assemblent les *Etats* à Aix, et font jurer à Louis XI le maintien de leurs franchises, dont le testament de leur roi stipulait la condition.

Malgré les calamités publiques, épidémies et disettes, fléaux dont les peuples s'en prennent d'ordinaire à leurs gouvernants, malgré l'usure, plaie honteuse et funeste qui tarissait les sources de la prospérité, les Provençaux demeurent attachés à leurs princes, et répondent avec empressement à leurs demandes d'argent. Ils se montrèrent très dévoués à la reine Jeanne: craignant pour elle les vengeances de la Hongrie, après la mort violente de son époux, et ne redoutant pas moins de tomber sous une domination étrangère, ils enfermèrent leur souveraine au château Arnoux, où elle resta plusieurs mois gardée à vue par ses sujets fidèles. « Rien n'est plus singulier, remarque un histo- « rien moderne, que de voir des sujets mettre leur reine « en prison par excès d'attachement. » Nonobstant ses fautes politiques, ne méritait-elle pas d'être aimée cette princesse, qui disait aux notables de Nice, en refusant les clés de leur ville : « Je n'ai besoin que de vos cœurs. »

On conçoit combien les comtes de Provence, réunissant la Septimanie au royaume de Sicile, devaient être puissants. Quand les Romains réduisirent cette contrée en province romaine, Massilia était surnommée l'*Athènes des Gaules*. L'origine d'Arles se perd dans la nuit des temps ; à l'époque de la fondation de Marseille (l'an 600 avant Jésus-Christ), Arles avait déjà un gouvernement régulier et une *Académie de Belles-Lettres*. Elle ne déchut pas de sa splendeur première, car 2000 ans plus tard, Charles-Quint, comme pour raviver le souvenir des gloires du passé et imposer à son rival François 1er, se fit couronner roi d'Arles (1536).

Nous avons dit en parlant de l'Estérel, que la Provence entière, hérissée de montagnes, fournit au géologue des échantillons précieux, au naturaliste une flore intéressante et variée. L'archéologue y trouvera aussi des sujets d'étude : un grand nombre de localités présentent des ruines, pierres et inscriptions latines, débris de nombreux monuments romains. L'aqueduc de Fréjus est le mieux conservé de ceux qui existent en France ; Arles possède de belles arènes, et un musée græco-latin des plus riches. A Draguignan, on voit un autel druidique, auquel le peuple a donné le nom de *peyro di la fado* (pierre de la Fée). L'art religieux a élevé la cathédrale gothique de Saint-Maximin, l'église romane d'Hyères et une chapelle du même style près de Vallauris. (1)

(1) Il y a en Provence deux objets d'art peu connus et qui méritent d'être tirés de l'oubli ; les meilleurs Guides, Joanne, Chaix, n'en font pas mention. C'est un tableau attribué à Vanloo, il représente *Saint-Pierre aux-Liens*. On le trouve à Draguignan à l'ancienne chapelle du couvent des Observantins. Puis un *Christ en ivoire*, au Musée d'Avignon. Le travail est remarquable ; le visage exprime d'un côté la souffrance humaine au paroxysme de la douleur, de l'autre le rayonnement de la divinité.

On ne doit pas s'étonner qu'un aussi beau pays ait eu cent historiens et que les poètes aient célébré à l'envi ses grandeurs. Au point de vue pittoresque, les plus grandes beautés de la nature s'y trouvent réunies ; de riantes vallées, d'imposantes montagnes, des grottes ornées de stalactites, offrent des motifs d'admiration aux touristes mêmes qui ont vu les Pyrénées et la Suisse ; le ciel pur et bleu fait rêver à l'Italie, et l'immense plaine de la Crau, unique en ce genre, saisit par son aspect lugubre ; c'est le chaos, le sommeil, la mort, au sein d'un paysage exubérant de vie !...

La Provence est très fertile ; elle réunit les productions des climats tempérés à celles des pays chauds. Mais la plus précieuse fécondité est celle de l'intelligence : sous ce rapport glorieux, la contrée qui nous occupe ne s'est laissée distancer par aucune autre, et depuis son origine jusqu'à nos jours elle peut citer des illustrations dans tous les genres.

A l'esprit aventureux des Celtes, les Grecs colonisés en Provence unirent cette teinte d'harmonie, ce coloris poétique qui était le partage de leur patrie. Les Romains exercèrent leur influence dans cette partie des Gaules à l'époque la plus brillante de leur littérature ; ils s'assimilèrent si bien cette fraction de leur immense empire, qu'elle reçut le nom de *Provincia*, ce fut la province par excellence. Fréjus vit naître alors Cornelius Gallus, ami de Virgile ; — Valerius Paulinus, qui fit usage de son crédit à la cour de Vespasien, pour protéger le poète Martial, — Julius Græcinus, sénateur et intendant de la Gaule Narbonnaise.

Sa vertu lui attira la haine et les sévices des monstres couronnés qui siégeaient au Capitole; Agricola son fils ne fut pas mieux traité; Tacite, l'un des plus grands historiens de l'antiquité, nous a transmis le souvenir de la valeur et des infortunes de ce héros, qui fut son beau-père.

L'ère chrétienne vit aborder sur les rivages de la Gaule méridionale des apôtres qui prêchaient la bonne nouvelle : Aix honore Maxime comme son premier évêque ; Arles, évangélisée par Trophime, devient, selon l'expression d'un pape, « la source d'où les ruis« seaux de la foi se répandirent dans la Gaule entière. » A l'époque où les jeunes et vigoureuses peuplades barbares du Nord allaient fonder une nouvelle Europe sur les débris de la civilisation romaine, s'effondrant sous le poids de sa propre corruption, les monastères de Lérins et de Saint-Victor de Marseille sont les asiles bénis où rayonnent ces figures douces et austères à la fois ; ces hommes de science et de piété, qui d'une main tendent le pain aux pauvres, de l'autre sauvent des fureurs inconscientes des barbares les monuments des lettres latines. Plus tard, quand la piraterie se sera élevée à l'état d'institution, on verra un provençal, Jean de Matha, briser les fers des esclaves, et fonder l'ordre des Trinitaires pour le rachat des captifs.

Au XVIIme siècle, Mascaron, né à Marseille, vient à Paris apporter dans la chaire chrétienne la vivacité et les grâces du langage méridional, et habituer l'éloquence sacrée à mêler sur un tombeau les enseignements de la religion aux larmes de la douleur. Tandis que sa voix retentissait chez les Oratoriens de Paris, naissait à Hyères un homme qui devait être une des gloires de cet ordre édifiant et lettré, Massillon, dont la parole vraiment apostolique s'élève contre les scandales d'une cour dissolue, et qui, nouveau Jean-Baptiste, ne craint pas de dire au royal amant des La Vallière et des Montespan : *non tibi licet.* — Le P. Lebrun, Tournély sont d'origine provençale; Gassendi, surnommé à tort le nouvel Epicure, est né à Digne.

C'est surtout dans la marine que les Provençaux ont montré leur génie : depuis Pytheas, célèbre astronome et navigateur, né à Marseille au IVme siècle avant J.-C., qui après avoir découvert les Orcades traversa la mer du Nord et poussa dans l'Est jusqu'au Jutland, la Provence compte dans tous les temps des marins célèbres. Le chevalier Paul, fils d'une pauvre vivandière, né dans un bateau, parvint au grade de chef d'escadre; Cagolin, si intrépide et si vigilant; Valbelle, le compagnon de Jean-Bart; le bailli de Suffren, chevalier de Malte, vice-amiral, qui se distingua aux Indes, dans la guerre contre les Anglais, et qu'après la victoire Haïder-Ali-Khan, son allié, embrassa, en lui disant : « Tu as été grand comme le monde. » Truguet, l'habile organisateur de la flotte de Boulogne; d'Entrecasteaux enfin, chargé en 1792 du commandement de deux frégates pour aller à la recherche de Lapeyrouse.

Pour compléter cette nomenclature de vaillants capitaines, disons que le héros qui mérita le billet d'Henri IV : « Pends-toi, brave Crillon...» est né dans le comtat d'Avignon. — Antibes est la patrie du maréchal Reille, et Levens, près Nice, celle de Masséna.

Dans le domaine des arts, les frères Vanloo, peintres de talent, et Puget, avec ses admirables sculptures, illustrèrent aussi cette province, qui n'est pas moins riche au point de vue littéraire.

Sous cet aspect encore, la Provence mérite de fixer particulièrement notre attention. Au moyen-âge, elle nous montre le roi Robert, attachant plus de prix aux œuvres poétiques de Pétrarque qu'aux insignes du pouvoir, et se dépouillant, dans un moment d'enthousiasme, de son manteau royal pour en revêtir le lauréat du Capitole. Puis le *bon roi René*, poète, musicien, peintre, astronome, rendant la justice au pied d'un olivier, comme saint Louis à l'ombre du chêne de Vincennes; aimant à se chauffer au soleil, dans des endroits qui encore aujourd'hui ont conservé le nom de *cheminées du roi René;* vaillant guerrier et philosophe, se consolant, par la culture des arts, des mécomptes de la fortune. (1)

Le beau ciel de cet heureux pays a inspiré ces chantres d'amour, les troubadours, qui, précurseurs de la Renaissance, ont frayé la voie aux poètes de l'Europe moderne. Dans l'antiquité le patricien laissait à l'esclave affranchi le soin de chanter le luxe et la gloire; au Moyen-Age les plus grands seigneurs, les rois, les princesses s'honoraient de figurer parmi les trou-

(1) Le roi René était occupé à peindre une perdrix, quand on vint lui annoncer la perte du royaume de Naples; il continua son occupation artistique avec le même calme et la même aptitude. (Voir la note XVIII.)

badours. Tels l'empereur Frédéric Ier, Alphonse II, Pierre III, rois d'Aragon et comtes de Provence ; Frédéric III, roi de Sicile ; Guillaume IX, comte de Poitiers, etc. — La comtesse de Die, Azalaïs de Porcairagues, Claire d'Anduse, dona Castelloza, etc.

A l'époque contemporaine, Raynouard, avec ses tragédies et ses savantes études sur la langue romane, l'abbé Barthélémy, dont l'érudition fut si étendue, Désaugiers, avec ses chansons, ont encore contribué à la gloire du pays où ils sont nés.

Marseille à elle seule offre toute une moisson de noms célèbres : Méry, dont l'alexandrin semble la langue naturelle, — Eugène Guinot, qui fixe sur le papier les traits mobiles de la physionomie parisienne, — Léon Gozlan, qui donne à la pièce de théâtre l'intérêt du roman ; — Louis Raybaud, auteur des *Deux Paturot*, qui prête au roman l'animation de la scène ; — Mme Charles Raybaud, qui pare d'une imagination vive la verve de l'écrivain, — Marie Aycard, l'aimable conteur de nouvelles, — enfin, Joseph Autran, le chantre de la mer et qui, dans *La Fille d'Eschyle* et *Le Cyclope*, fait voir l'art avec lequel il a su adapter le génie grec au goût de la scène française.

Frappé de cécité, il exhale cette plainte touchante :

Oui, la nuit désormais, la nuit du vieil Homère
Ravit tout à mes yeux, tout, jusqu'à mon chemin ;
Le ciel me réservait cette infortune amère
De ne plus voir l'ami qui me serre la main. (1)

(1) Cité par M. Caro, membre de l'Académie française, à la réunion des Cinq Académies, le 25 octobre 1877.

Si nous entrons dans la sphère politique, nous trouvons l'art de la parole représenté dans les grandes assemblées de la Révolution par Mirabeau, Sieyès, Barras, Isnard; et Portalis aux jours de reconstitution. Marseille enfin a l'insigne d'honneur d'avoir vu naître M. Thiers.

Laissons ici la parole à M. Caro, de l'Académie française : « La louange s'est épuisée sur ce nom, elle « restera toujours au-dessous de son modèle. Avocat, « orateur, homme d'État, écrivain, il sera le symbole « le plus éclatant de l'universalité à laquelle puisse « atteindre l'esprit humain. Membre de deux acadé- « mies, on peut dire qu'il appartenait à l'Institut tout « entier comme à la France. Par son goût, son ardeur « à tout savoir, son aptitude à tout comprendre, « M. Thiers aurait pu être un juge compétent des plus « savants débats à l'Académie des sciences, une auto- « rité irrécusable aux Beaux-Arts, comme il l'était aux « Sciences morales et politiques, à l'Académie fran- « çaise, partout enfin.

« L'action comme but, l'intelligence comme moyen, « ce fut là tout M. Thiers. C'était la pensée toujours « en acte, toujours en éveil, dans tous les domaines « de l'esprit humain : armée, finances, politique, phi- « losophie, beaux-arts, physique, astronomie, ne vou- « lant rien laisser, derrière elle ou devant elle, d'inex- « ploré ou d'inconnu.

. . . .

« Illustre témoin de notre histoire nationale, dont « il est devenu pour certaines parties de cette histoire

10

« le peintre immortel, jusqu'au jour où entrant de « plain pied dans l'action au service de la France, il « a fait lui-même cette histoire que d'autres raconteront et jugeront à leur tour. Il s'est fait l'âme de « la France aux jours des plus dures épreuves, qu'il « a tout fait pour conjurer ; il n'a jamais désespéré « d'elle, ni de son avenir ; il a cru à la France, com-« me elle croyait en lui.

. . . .

« Cette vie si occupée par la pensée et par l'action, « M. Thiers l'a résumée dans l'épitaphe qu'il a choisie « pour lui-même.

« *Patriam dilexit*
« *Veritatem coluit.* » (1)

(1) Extrait du discours de M. Caro, membre de l'Académie française, à a séance des cinq académies du 25 octobre 1877.

XII

LANGUE ET LITTÉRATURE PROVENÇALES

L'idiome provençal est un composé de celtique, de grec, de latin, d'arabe, d'italien, surtout de français. Tous les peuples qui ont occupé successivement la Ligurie ont laissé dans la langue, aussi bien qne sur le sol, la trace de leur séjour (1).

La ville de Massilie, qui devait son origine aux Phocéens, fonda elle-même des colonies maritimes, le

(1) Le mot *mas* maison vient du grec : *Massilia* (Marseille) signifie *maison salienne*. Du grec aussi provient *lamp* éclair, *pantaïar* rêver, *skishar* briser, *entaminar* partager, *virar* tourner.

La nomenclature des mots tirés du latin serait longue ; pour n'en citer qu'un : *cadiere* chaise vient de *cathedra*. En fait de locutions provençales tirées du latin, on a *porge mi aco* donne moi cela. C'est l'importation fidèle de *porrige mi quod*. Le mot *coumpanegear* est à lui seul une locution : il vient de *cum pane agere*, agir avec le pain, accompagner. La mère donne à son enfant un fruit et un morceau de pain, en lui disant *accoumpanegea-lo*, mange-les ensemble.

Des emprunts faits à la langue arabe, on a : *cardacho* ami intime, *camalou* portefaix, *kétran* goudron, etc.

Du basque, *bresco* miel.

Le délicieux mot provençal *peccaire* est le *miserus* latin, le *povero*, *meschino* italien.

long du littoral ; de là l'adjonction d'un vocable grec à la langue celtique gauloise des peuplades primitives de cette contrée.

Pendant toute la durée de la domination romaine, on parla en Provence un langage mêlé de grec et de latin. Aujourd'hui encore on trouve dans le provençal des locutions entières empruntées au latin.

Lorsque les Sarrasins brûlèrent la ville de Cannes au dixième siècle, ils emmenèrent en esclavage un grand nombre d'habitants, d'autre part, Gibalin-Grimaldi, comte de Nice, après une victoire définitive sur ces tribus nomades, garda les vaincus en captivité ; à ces deux faits, il faut attribuer l'introduction dans le langage provençal d'une certaine quantité de mots arabes.

Les Espagnols, venus en Provence à la suite des comtes de Barcelone, augmentèrent l'idiome de mots tirés du basque.

Le séjour des papes à Avignon a orné le provençal de diminutifs et d'augmentatifs, puis d'expressions gracieuses qui ont de la similitude avec la langue italienne, appelée à juste titre : « la lingua delle grazie » la langue des grâces.

Des études de linguistique faites par des écrivains de mérite attribuent une origine plus ancienne et plus glorieuse à l'idiome méridional : selon ces doctes chercheurs, loin d'être un dérivé de plusieurs courants, le provençal serait une langue mère, qui aurait donné naissance au latin, ayant été portée en Italie par les invasions des Gaulois sous Bellovèse. « Avec mon

« jargon, disait un marin toulonais, j'ai pu faire le « tour du monde, il n'y a que ces entêtés de cochin- « chinois qui n'ont jamais voulu me comprendre. »

Ce dialecte, le même dans toute la Provence quant à la grammaire, diffère sensiblement comme prononciation et accent, selon les localités : le marseillais parle avec une volubilité prodigieuse et une mimique presque scénique ; l'avignonnais a dans la voix certaines notes mélodiques qui rappellent la langue italienne ; le grassois se reconnaît à certain défaut de prononciation, comme le parisien au grasseyement. A Cannes le rhythme est lent, monotone, traînant. Les chemins de fer, en facilitant les relations du midi avec les grandes villes du centre et du nord de la France, et l'institution des écoles primaires, où la classe se fait dans la langue nationale, tendent à faire disparaître le patois. Il se francise de jour en jour : aujourd'hui, m'adressant en français à une femme du peuple, je ne recevrais plus cette réponse, que me fit naguère en provençal une marchande d'herbage, sur le cours, à Cannes : « Je ne vous comprends pas, nous ne som- « mes pas français, nous autres, mais provençaux. »

La littérature, on peut dire la civilisation même, doit beaucoup à la langue provençale, qui fut celle des troubadours. La poésie proclame avec orgueil le nom de ses ménestrels : Elgas de Barjols, les trois Blacas d'Aups, Raoul de Gaslin, Lucas de Grimaud, Bertrand du Puget, l'infortuné Guillaume de Cabestaing, et ce Geoffroy du Luc, si savant pour son siècle, qui établit dans son château une sorte d'académie.

Les bardes (1), poètes nationaux des contrées septentrionales, avaient disparu depuis plusieurs siècles de la Gaule et plus récemment de l'Ecosse et de l'Angleterre. Les chants de Fingal et d'Ossian, qui avaient été populaires en ces régions, comme les chants des rapsodes dans la Grèce ancienne, étaient oubliés dans leur propre pays ; le bardisme, malgré sa législation, ses privilèges et sa constitution en apparence si vitale, était mort, quand la Provence essaya de faire revivre ce genre de poésies nationales, mais sous une forme adoucie, nouvelle : dès les premiers accents des trouvères, on peut remarquer le mouvement d'une nation, qui s'avance d'une manière inconsciente peut-être, mais réelle et palpable, vers la civilisation, à la lumière naissante des arts et des lettres. Les poésies des troubadours ne seront plus les chants de guerre et de sang des fils de la langue d'oil ; on ne les entendra pas s'écrier, avec la joie féroce de Singuilldas, vainqueur aux combats sanguinaires du bardisme : « Les « corbeaux se sont réjouis ; c'était un abondant festin « pour les oiseaux de proie ; la chair était plutôt prépa- « rée pour les loups que pour les fêtes nuptiales ! » Sous le beau ciel du midi, dans cette douce atmosphère embaumée par l'oranger, sur cette terre de Provence qui a été la première de l'Europe à se parer du coloris oriental importé lors des Croisades, on chantera la guerre et l'amour dans un rhythme nouveau, doux, gracieux, modulé. Le ménestrel ne recevra pas la harpe

(1) Voir les notes XIX et XX.

d'or, dont les rois d'Angleterre faisaient présent à leurs bardes; il chantera indifféremment sur la musette, le violon, la flûte, et selon l'instrument qu'il aura choisi on l'appellera *musar*, *violar*, *juglar*. On ne verra pas là, comme en Espagne, au seul nom de chevalerie des écuyers errants parcourir les provinces la lance à la main, et jeter l'épouvante, semer le deuil sur leur passage; mais une multitude de paisibles chanteurs faisant retentir tantôt les bois, tantôt les manoirs et le palais des comtes et rois de Provence de poésies en l'honneur des guerriers, ou de la Dame dont le nom sera voilé sous le mystère. L'apparition des troubadours ne sera pas l'aurore d'une littérature de mauvais goût, d'un flot de romans chevaleresques, semblables à ceux qui ont inondé l'Espagne jusqu'à ce que Cervantes vienne mettre en pièces la lance vermoulue de la chevalerie; mais les chants simples et gracieux des improvisateurs méridionaux seront les modèles du genre; à leur école se formeront les poètes moder nes italiens et français : le discret amant de la vertueuse Laure, le chantre immortel de Vaucluse; et, avant lui, Dante, cette grande voix qui s'élève quand les trouvères ont fini leurs derniers accents, et dont l'œuvre impérissable est à elle seule toute une littérature. Qui sait si l'auréole que Dante fait rayonner autour de sa Béatrix, si le respect dont Pétrarque entoure le nom de Laure ne leur ont pas été inspirés par l'exemple de la délicate réserve que les troubadours proféraient pour la Dame de leurs pensées? Cette supposition est d'autant plus acceptable, qu'à l'époque de ces grands poètes la langue d'oc était parlée sur le littoral méditerranéen jusqu'à Livourne. Dante avait pensé d'abord écrire son immortelle épopée en langue provençale; au XXVIme chant du *Purgatoire* il fait parler en cet idiome le troubadour Arnaud Daniel (1).

De nos jours (21 mai 1854) une pleïade de littérateurs provençaux se sont voués à la renaissance de la langue et de la littérature des trouvères. Ces dilettanti de la poésie, les Roumanille, Fr. Mistral, Anselme Matthieu, Théodore Aubanel, Félix Gras, etc., ont fondé une Académie, une sorte de *Crusca*, dont le siége est à Avignon et les membres sont appelés *félibres*; le président actuel est Frédéric Mistral. L'Académie a un code, des statuts; la première règle est l'usage exclusif de la langue provençale pour les relations verbales ou écrites entre les félibres. L'Académie a établi un concours annuel de poésie, ce sont ses jeux floraux; elle a aussi un banquet chaque année. A ces agapes intellectuelles, l'idiome provençal est le premier convié; il y règne même en souverain absolu : on l'emploie pour les billets de convocation, les pièces de vers, accompagnement obligé du repas, la conversation entre les convives, et les toasts portés à la belle Provence, aux gloires littéraires du passé, au maintien des institutions destinées à perpétuer la langue et la littérature de cette riche contrée.

Le poème de *Mirèio* a rendu populaire le nom de Mistral. Qui n'a lu ou fredonné la chanson de *Magali*?

(1) Voir la note XXI.

Qui n'a souri et pleuré au récit des touchantes amours de la belle Mireille et du pauvre Vincent ? La Provence tout entière revit dans l'œuvre de Mistral : elle est là avec ses mœurs simples, ses fêtes, sa farandole, ses vieilles ruines romaines, ses pèlerinages et jusqu'à ce paysage dénudé, mais imposant, triste et grandiose de la *Crau*. Ce poème épique présente des beautés de premier ordre : tel le combat naval du Bailli de Suffren, récit dont la traduction est impuissante à rendre la grâce et la force. Nous engageons vivement les personnes qui ont des loisirs et du goût pour la philologie à étudier la langue provençale : lire *Mirèio* dans le texte serait un attrait suffisant ; elles auront encore de l'intérêt à la lecture des pièces diverses, fabliaux, contes, nouvelles, épigrammes, de l'*Armana prouvençau*, publication annuelle faite à Avignon, sous la direction du bibliophile Roumanille.

A Paris, l'*Ecole des Chartres* et le *Collége de France* ont créé des chaires pour l'enseignement des langues et littératures méridionales. Les titulaires : MM. Paulin et Gaston Pâris, Paul Meyer, etc... ont fait, comme l'érudit Raynouard, de la vieille langue d'oc l'objet de leurs travaux incessants, soit en commentant d'anciens textes, soit en reconstituant d'anciens manuscrits.

Depuis un demi-siècle environ, la curiosité s'est retournée avec intérêt en histoire et en littérature vers le Moyen-Age, dédaigné des siècles précédents. Néanmoins, à notre époque, les progrès inouïs de la science et ses découvertes admirables donnent à cette faculté, dans l'esprit du plus grand nombre de nos contemporains, le pas sur les lettres. Aujourd'hui raisonnant à distance et froidement sur le culte enthousiaste du chevalier pour sa dame, nous trouvons saugrenue cette question, posée entre mille à un tribunal d'amour : « Quel est l'amant le plus heureux de celui auquel sa « belle jette un regard d'amour, de celui auquel elle « serre tendrement la main, ou de celui auquel elle « presse le pied ? » Cette pièce du troubadour Guillaume de Cabestaing ne nous semblera pas moins singulière : « Chère amie, la plus aimable des femmes, se « peut-il que je n'obtienne de vous aucun merci « quand nuit et jour, à genoux ou debout, je supplie « la Vierge Marie de vous inspirer quelque tendresse « pour moi ? » Ces fadaises perdront de leur ridicule, si nous nous reportons aux époques où elles étaient formulées, si nous considérons le règne des troubadours comme le passage de la barbarie à la civilisation. La France méridionale était à peine remise des excès qu'avaient commis pendant neuf siècles les hordes nomades du Nord, puis ensuite les Sarrasins. Des luttes incessantes avaient conduit la société à un tel point de sauvagerie, qu'en 1152 on voit Raymond Geoffroy, comte de Provence, prêter à Pierre Ier, évêque de Marseille, un serment conçu en ces termes : « Je jure de « ne t'ôter ni la vie, ni aucun membre, de ne point me « saisir de toi, de ne point ravir tes domaines. » Au milieu de ce chaos, produit d'instincts farouches et de sang versé, la poésie, semblable à un météore brillant, vient dissiper les ténèbres de l'ignorance, adoucir les mœurs, rapprocher les rangs ; de simples vassaux sont admis dans les châteaux des plus orgueilleux feudataires; les seigneurs, les rois mêmes ne dédaignent pas l'appellation de trouvère, et attachent autant de prix à la couronne du poète qu'au sceptre du souverain. La femme, que le christianisme a tirée de l'infériorité où l'avait maintenue la civilisation antique, n'occupe encore dans la société et dans la famille qu'un rang secondaire : avec les troubadours, elle va devenir l'idole d'un nouveau culte, l'inspiration et le but de la poésie. On reproche au règne des chevaliers les exagérations et les folies ! Ne fallait-il pas à cette époque transitoire l'excès de la galanterie pour étouffer jusqu'aux restes de la barbarie? Les troubadours ont passé, mais leur gloire demeure. La France y a gagné le libre accès aux sciences, aux arts, et cette démocratie intellectuelle, qui, sans distinction de naissance, de condition, de sexe, ouvre à tous le domaine de la littérature. La femme n'est pas descendue du piédestal sur lequel la chevalerie l'a placée; elle peut voir resplendir sur sa tête l'auréole du talent, sans perdre le prestige de sa vraie dignité, la couronne d'épouse et de mère. Tandis que le farouche sultan cache dans les murs d'un harem ses belles odalisques, que la jalousie du chinois meurtrit les pieds de l'épouse, la femme, heureuse et libre en France, n'est tenue que par le sentiment du devoir; dans les prévenances dont elle est l'objet, elle se ressent de l'époque de la chevalerie, qui a imprimé à nos mœurs et à notre caractère une courtoise aménité qu'aucun peuple ne nous conteste.

LA CAMPAGNE DE CANNES

Rivages fortunés, j'aime votre ciel pur,
Vos forêts d'oliviers et vos lames d'azur
Où l'esquif léger se balance;
Mon pied aime à fouler vos jardins enchanteurs,
Où le cœur énivré des plus douces senteurs
Semble renaître à l'espérance.

La vie et le printemps, le soleil et les fleurs
S'unissent pour orner des plus riches couleurs
Votre campagne ravissante.
Dans vos Edens riants doucement égaré,
Jamais sous ce beau ciel l'étranger n'a pleuré
Les champs de la patrie absente.

La brumeuse Albion, aux nébuleux frimas,
Aspire avec amour dans nos tièdes climats
Les rayons d'un soleil de flamme.
O Canne, ô doux pays, qui n'aimerait les bords
Où l'on trouve à la fois et la santé du corps
Et la tranquillité de l'âme?

. . . .

Sur le bord-de la mer nonchalamment assise,
La ville étale au loin ses jardins verdoyants,
Ses orangers touffus que caresse la brise,
Et ses verts oliviers aux rameaux ondoyants;
Ses châteaux, ses villas aux flèches dentelées
Qui vont se perdre dans les cieux;
Et ses pins élancés qui couvrent les vallées
De leur voile mystérieux.
A ses pieds où la mer frappe le roc sonore,
La barque du pêcheur trace mille sillons,
Et sur les flots d'azur glisse depuis l'aurore
Sur les ailes des alcyons.

Dans ce doux pays la nature
A répandu tous ses présents :
Un ciel de voluptés, un Eden de verdure
Où de clairs ruisselets au timide murmure
Déroulent leurs flots bienfaisants.

De vos fruits, riante campagne,
L'étranger lui-même est jaloux,
Jamais l'Italie et l'Espagne
N'ont produit des parfums plus doux.

Le Pirée et le mont Hymette
N'ont pas d'horizons plus sereins
Que les bosquets de la Croisette
Et les rivages de Lérins.

Beau ciel, vivante poésie
Dont notre âme vient se nourrir,
Verte oasis d'amour par l'étranger choisie,
Pourrait-on ne pas vous chérir?

Après avoir foulé vos plages,
Lieux riants, je vous dis aussi ;
Quand on s'est reposé sous vos épais ombrages,
On veut vivre et mourir ici.

UN ÉTRANGER.

Publié par la *Revue de Cannes*. Juin 1868.

NOTES

Note I, page 32

Le mistral, le *skiron* des Grecs, le *circius* des Latins, prend naissance dans les gorges sud-est des Cévennes; il souffle dans le bassin du Rhône et dans toute la Provence comme vent de nord-ouest. Sa violence est telle que peu d'arbres sont de force à lui résister, s'ils ne sont abrités par quelque élévation du sol. Il est dangereux pour la navigation cotière et rend l'abordage presque impossible. Il produit, même en été, un abaissement considérable de la température ; enfin, chose singulière, sa période d'action est trois, ou des multiples de trois, c'est-à-dire qu'il souffle pendant trois, six ou neuf jours. Ses funestes effets ont donné lieu à ce dicton provençal :

Mistral, Parlement, Durance,
Sont trois fléaux de Provence.

Nonobstant le dicton, on a reconnu que le mistral avait des avantages précieux : il purifie l'air, prémunit contre les épidémies si funestes en Provence, et est un agent de santé publique par les miasmes saturés d'iode et de parfums résineux qu'il prélève en passant sur les forêts de pins.

(Observations d'un Provençal).

Note II, page 34

Henri Brougham naquit à Edimbourg le 19 septembre 1778. Par son père il appartenait à une ancienne famille anglaise du comté de Westmorland ; sa mère était écossaise et nièce du célèbre historien Robertson. A l'âge de 14 ans il entra à l'Université d'Edimbourg, et, pendant quatre ans, il y approfondit les études qui restèrent l'ornement de sa vie : rhétorique, philosophie, mathématiques, histoire, jurisprudence, économie politique, langues anciennes et modernes, jusqu'à la médecine et à la théologie. A 18 ans, il envoya à la Société Royale de Londres des travaux scientifiques, qui lui valurent, quelques années plus tard, d'être reçu parmi ses membres.

A l'âge de 27 ans, il quitta l'Ecosse, et suivant l'expression pittoresque d'un de ses ennemis « il envahit l'Angleterre » et fut immédiatement distingué par les chefs du parti whig.

Il s'occupa de fondations d'écoles, fit de nombreuses publications ; comme avocat, il lui échut la défense de la reine Caroline, nièce du roi Georges III. Mais l'œuvre la plus longue et la plus difficile qu'il ait entreprise, c'est la réforme de la loi. En 1828, il prononça à la

Chambre des Communes un discours resté célèbre, qui contenait en germe la plupart des réformes accomplies depuis dans la législation anglaise, réformes dont il fut sa vie entière le promoteur infatigable. En 1825, l'Université de Glasgow le choisit pour Lord-recteur, de préférence à Sir Walter Scott ; quelques années après, l'Institut de France le recevait parmi ses membres ; mais la distinction qui causa le plus d'orgueil à Henri Brougham, ce fut son élection au Parlement, comme représentant du comté d'York. Il devint pair d'Angleterre et grand chancelier.

Les dernières années de la vie de Lord Brougham appartiennent à notre pays presque autant qu'au sien. Visitant le midi de la France, arrivé à Cannes, il fut séduit par l'aspect de ce riant coin de terre, qui est encore la France, et qui est déjà l'Italie. Il y fit bâtir une villa, qu'il nomma le château Eléonore-Louise, en souvenir d'une fille bien aimée, et consacra cette demeure tout entière à la mémoire de son enfant, comme Cicéron avait élevé un temple à Tibur à la mémoire de Tullie....

Ses derniers jours s'écoulèrent paisibles dans sa villa provençale. Le 7 mai 1868, il s'éteignit durant son sommeil, dans la 90me année de son âge.

Frank Chauveau. *(Etude sur Lord Brougham)*

Note III, page 35

En 1823, M. Chevalier, préfet du Var, fit allouer par le gouvernement une somme destinée à donner du travail aux ouvriers pauvres de la commune de Cannes. Le conseil municipal de cette ville, pour perpétuer le souvenir de ce bienfait, grava, sur la face du côté Est de la Tour, cette inscription encore lisible : « La ville de Cannes reconnaissante à M. Jean-Georges-Louis-Armand Chevalier, préfet du Var, chevalier de l'ordre de la Légion d'honneur, le 1er mars 1823. »

Note IV, page 38

M. J. Robinson Woolfield, après avoir quitté le commerce, faisait des voyages en Orient. Il alla à Jérusalem, en Egypte, et pénétra jusqu'à la seconde cataracte du Nil. Il avait tout préparé pour un troisième voyage, lorsque lui arriva la triste nouvelle de la mort d'un frère, et trois jours après, de la mort d'une sœur, laissant tous deux de nombreux enfants dans une mauvaise position de fortune. M. Woolfield abandonna spontanément son projet favori de retourner en Orient et consacra ses soins et sa fortune aux orphelins, ne faisant point de différence avec ses propres enfants. C'est un homme religieux, aimable, doué de toutes les qualités privées.

Lord Brougham.

*Lettre à l'auteur d'*Une saison à Cannes, *avril 1864*.

Note V, page 57.

Pilote qu'on trouva toujours à la barre aux heures de tempête sociale, de courtier de commerce qu'il était au début de sa carrière, M. Garnier-Pagès, n'écoutant que son civisme, entra dans la politique. En **48**, il fut membre du gouvernement provisoire, maire de Paris, puis ministre des finances, représentant élu par deux départements à l'Assemblée Constituante. Au 4 septembre **1870**, il fut membre du gouvernement de la Défense Nationale. Tous les partis s'accordent à reconnaître en lui l'homme de bien uni à l'homme d'Etat. « Il est, disait Lord Brougham, estimé de tous, même de ceux qui ne partagent pas ses opinions politiques. »

Note VI, page 58

Le mot *anémone* vient, selon Pline, de *anemos*, vent, parce que la plupart des plantes de ce genre croissent dans les endroits élevés et ne s'épanouissent qu'au souffle du vent.

Les *adonides*, de la tribu des *anémonées*, tirent leur nom de celui d'Adonis. Suivant la fable, le jeune Adonis, aimé de Vénus, fut blessé à la chasse, sur le mont Liban, par un sanglier, qui n'était autre que le dieu Mars, jaloux de l'avoir pour rival. Le sang du blessé tomba sur une plante, dont elle teignit les fleurs d'un beau rouge vif.

(Deschanel et Frocillon, *Dictionnaire des Sciences naturelles.*)

Note VII, page 63.

Un poète français, M. de Jussieu, qui a ajouté quelques chants au Paradis Perdu de Milton, suppose qu'Adam et Eve, chassés du jardin de délices, furent conduits par un ange dans la campagne de Nice, dont le doux climat, le site pittoresque, la fertilité du sol, furent pour nos premiers parents une compensation à la perte de l'Eden.

Note VIII, page 66.

C'était le 25 février, au soir. Ce jour-là même la princesse Pauline réunissait, dans une fête animée, tout ce que l'île renfermait de femmes jeunes et élégantes, d'officiers français et de visiteurs étrangers. Napoléon y parut l'œil ouvert et le visage serein, se mêlant à chaque groupe et causant avec toutes les personnes qu'il connaissait. Il était fort tard quand il sortit, emmenant avec lui les généraux Bertrand et Drouot, qui le suivirent à sa demeure. Une fois seul avec eux, il leur fit confidence de son dessein de quitter l'île et leur annonça qu'il partirait le lendemain. « Je ne m'ouvris à eux « qu'au dernier moment, dit-il, afin de les enlever « par un élan de cœur, avant que la réflexion arrivât ; et « puis je ne voulais pas que la princesse Pauline et « Mme Bertrand vinssent m'embarrasser de leurs inquié- « tudes de femme ! »

.... « J'arriverai en France avant le 1er avril, »

avait-il dit à M. Fleury-Chaboulon, lors de son dernier entretien avec lui, avant son départ pour Naples. En effet, le lendemain 26, trois petits bâtiments de commerce, disposés à l'avance dans le port par M. Pons de l'Hérault, recevaient 200 chasseurs corses, 100 chevaux-légers polonais et 200 franqueurs, tandis que l'empereur s'installait avec 400 grenadiers de la garde à bord de l'unique navire de guerre qu'il possédât, l'*Inconstant*, brick de 26 canons commandé par le capitaine Chautard et le lieutenant Taillade ; l'embarquement, commencé à cinq heures de l'après-midi, fut terminé à sept heures et demie du soir.

La flotille qui portait César et sa fortune aperçut au cours du voyage plusieurs bâtiments français en croisière, qui donnèrent quelques inquiétudes ; toutefois ayant été évités, le voyage se continua sans autre rencontre que celle du *Zéphir*, qui demanda des nouvelles de l'empereur, et auquel il fut répondu, par lui-même dit-on, « qu'il allait à merveille. »

Le vent, dans la nuit du 27 au 28, continua d'être favorable ; à la pointe du jour on reconnut un bâtiment de 74, qui semblait se diriger vers la Corse ; la rencontre pouvait devenir dangereuse, mais le vaisseau poursuivit sa course sans s'occuper de l'*Inconstant*. A huit heures du matin la flotille découvrit la côte de Noli, à midi elle était à la hauteur d'Antibes, enfin, le lendemain, 1er mars, à trois heures de l'après midi, elle entra au Golfe-Juan. Le général Drouot, accompagné de quelques officiers et d'un détachement de soldats, aborda le rivage ; Napoléon ne tarda pas à les joindre, le reste de l'expédition suivit ; à cinq heures le débarquement était achevé.

Quand tout le monde fut à terre, les différents bataillons quittèrent le drapeau blanc parsemé d'abeilles, couleur de l'île d'Elbe, et arborèrent le drapeau tricolore. Un ban fut ensuite battu, et les capitaines de chaque compagnie, se plaçant au centre, lurent d'une voix forte la proclamation préparée pendant le voyage.

. . . .

Le bivouac était établi sur le rivage dans un champ entouré d'oliviers... « Une foule considérable de « paysans nous avait bientôt entourés ; elle témoignait, « dit Bonaparte, son étonnement de notre opposition « et de notre petite force. Le maire d'un village voisin, « remarquant la faiblesse de mes moyens d'action, me « dit : Nous commencions à être heureux et tranquil- « les, vous allez tout troubler. Je ne saurais dire combien « ce discours me pénétra et combien il me fit de mal. »

Ces paroles bien simples portèrent peut-être le trouble dans l'âme de ce conquérant, mais il dut vite en étouffer les effets.

(Achille de Vaulabelle, *Histoire des Deux Restaurations.*)

Note IX, page 79

L'initiative de quelques personnes, notamment de M. le vicomte Palmer, de MM. Paganel et Mars, amena la réunion de plusieurs âmes généreuses qui, sous la présidence de M. le Docteur Pariset, fondèrent, le 2 décembre 1845, la *Société protectrice des animaux*. Elle fut définitivement constituée le 3 avril 1846, grâce à l'autorisation officielle du gouvernement ; et enfin *la loi Grammont* du 2 juillet 1850 sanctionna par des peines répressives les efforts louables des fondateurs, jusque-là presque inutiles. Depuis plusieurs années, elle a été reconnue d'*utilité publique*. Le siége de la Société est à Paris, rue de Lille, 19 ; un bureau nommé à l'élection fonctionne sous la présidence d'un nom honorable ; elle compte plusieurs milliers de membres, tant à Paris qu'en province, et un certain nombre de sociétés se sont formées, dans des villes de France et à l'étranger, sur le modèle et d'après la constitution de celle de Paris. L'honneur de la pensée première de cette généreuse fondation revient à l'Angleterre et aux Etats-Unis.

Le but de l'association est la protection du faible par le plus fort. Cette protection consiste à réprimer les traitements injustes et barbares envers les pauvres animaux ; empêcher la destruction des oiseaux et des autres espèces utiles à l'agriculture ; encourager, par des récompenses, les publications favorables au développement des principes de protection, et couronner les traits touchants de compassion, de dévoûment à cette noble cause. La Société a une réunion mensuelle rue de Lille, 19 ; un bulletin est adressé franco chaque mois aux abonnés ; le prix de la cotisation est de 10 fr. par an, 5 pour les instituteurs primaires. Le lundi de la Pentecôte, il y a une fête annuelle à laquelle les talents de premier ordre que la Société compte parmi ses membres, poètes et musiciens, prêtent leur concours ; des récompenses, médailles d'or, d'argent, de bronze, sont distribuées largement. Cette fête, qui a lieu depuis plusieurs années au théâtre du Châtelet, est des plus touchantes et fait jaillir les larmes des yeux de tous les assistants !

Sous cette noble devise : *justice*, *compassion*, *hygiène*, *morale*, la Société protectrice est féconde en résultats importants, en bienfaits signalés : tantôt c'est un collier qui soulage et aide l'animal au labour ; une invention qui diminue ses souffrances à l'abatage ; tantôt c'est l'agriculteur qui voit quintupler ses récoltes en raison de la multiplication des oiseaux qui se nourrissent d'insectes. Cette précieuse institution ne se signale pas seulement par des bienfaits matériels : aussi elle est essentiellement moralisatrice, elle agit sur les intelligences et sur les âmes : l'enfant auquel on enseigne sur les bancs de l'école les notions du juste et du bien pratiquera envers ses semblables, lorsqu'il sera devenu homme, les principes de modération, de douceur, d'équité, dont on lui aura primitivement inculqué l'application envers les animaux.

Note X, page 84

Fiancée à l'âge de sept ans à André de Hongrie, prince taciturne, mélancolique, de mœurs austères, Jeanne, amie des plaisirs, élevée dans une cour galante, entourée de conseillers perfides, ne put s'arranger d'un époux qui n'avait que des vertus. André fut étranglé pendant la nuit à Aversa, et son corps jeté par une fenêtre du palais. Le tombeau de ce prince, dans l'église Saint-Janvier à Naples, porte l'épitaphe suivante, qui, gravée du vivant même de Jeanne, semble indiquer sa culpabilité :

Andrœ. neap. regi. Joannœ uxoris,
Dolo. e. laqueo. necato.

Toutefois il est certain qu'elle ne fut qu'indirectement et involontairement la cause de l'assassinat de son époux. Tous les monuments de l'époque l'attestent, car si elle avait de grands vices, elle avait aussi de grandes qualités, qui la rendent incapable d'un crime aussi atroce.

(Victor Fouques, *Fastes de la Provence.*)

Note XI, page 86

Le grand pin qui a été le sujet de l'ouvrage de Mme Juliette Lamber, vénérable ancêtre de ces futaies séculaires, dépasse de sa cîme les arbres les plus élevés ; on l'aperçoit de fort loin, même du quai Saint-Pierre, à Cannes. En plus de son élévation, il est remarquable par la disposition de son branchage et par sa vaste circonférence.

Note XII, page 106

Les prisonniers arabes détenus au fort Sainte-Marguerite étaient, vers 1850, jusqu'à six cents. Le gouvernement français les laissait libres de pratiquer les exercices de leur religion, de se promener dans l'île, de venir à Cannes sous la surveillance de gardiens, et même de préparer leur cuisine selon les prescriptions du Coran. Comme les Juifs, à la loi desquels Mahomet emprunta un grand nombre de préceptes, les Musulmans mangent la chair des animaux rôtie au feu, et pratiquent des ablutions qui ne les empêchent pas d'être fort malpropres. Ils saluent le lever de l'aurore et le coucher du soleil par de longues prières ; le marabout, prosterné visage à terre et du côté de l'Orient, en donne le signal ; au surplus, à toute heure du jour, on les voit égrener leurs chapelets ou réciter à mi-voix des passages du Coran, seule science permise par Mahomet à ses disciples ignorants et grossiers. Ils offrent plutôt l'aspect de bétail que d'êtres humains : leurs regards sont fixes, leurs mouvements mesurés, leurs vêtements malpropres ; une odeur nauséabonde vous prend à la gorge en entrant dans leurs chambres, et, à la rare exception près de quelques têtes à caractères du type primitif, ils ont l'air inerte. Pour les poses, la gravure si connue : *les Arabes au désert*, d'Horace Vernet, est d'une vérité parfaite.

Nous avons été témoin d'une cérémonie curieuse : l'enterrement d'un bédouin. Le marabout ouvre la marche du convoi funèbre psalmodiant des prières, auxquelles répondent tous les croyants ; le mort est porté sur un tréteau, visage couvert. Arrivé au lieu de la sépulture, on dépose avec calme et respect le corps dans une fosse dont le fond est tapissé de verdure, et qui a été creusée d'après la mesure de la taille du défunt. Puis, après avoir placé à son côté, selon l'usage antique, la pièce d'argent et le morceau de pain, on ferme l'ouverture de la fosse avec des bûches et un mastic composé de terre mouillée et de pierres ; la tombe s'élève en forme de tertre, ou tumulus. Aujourd'hui encore ces tumulus font reconnaître, à la partie nord-est de l'île, à l'entrée de la forêt, l'emplacement du *cimetière arabe*. La tombe fermée, le marabout fait des ablutions alentour, adresse un dernier adieu au défunt, lui offre du pain et des fruits bénits, puis ses acolytes en distribuent à tous les assistants, sans distinction de croyances religieuses. Néanmoins la tolérance n'est pas en usage chez les sectateurs de Mahomet ; leur attitude, leurs gestes, leurs regards témoignent que nous sommes pour eux, en tout pays, des *chiens de chrétiens*. Le besoin d'argent les conduit quelquefois à vendre, mais en cachette, leur chapelet ; il faut voir les yeux farouches qu'ils lancent au profane quand il se saisit de ce talisman. Ils sont plus accommodants pour le café ; ils nous en ont offert plusieurs fois des tasses ; cette boisson avait un parfum, un arome que l'on n'obtient pas par nos alambics. Les amateurs sauront que les Arabes préparent le café en le faisant bouillir devant un feu de bois, dans une cafetière de fayence ou de porcelaine.

(Tiré de la première édition).

Note XIII, page 107

La *bouille-abaisse* est un mets provençal qui se compose de cinq ou six espèces de poissons, d'huile, de tomates, d'oignons, d'une quantité d'épices tels que : ail, girofle, safran. Les poissons qui entrent dans la composition de la bouille-abaisse sont le merlan, le rouget, la gallinette, le chapon, la rascasse, la sèche, la langouste, et divers poissons de roche, surtout de petites anguilles.

L'étymologie du mot bouille-abaisse vient du peu de durée qu'il faut la laisser sur le feu : après quelques bouillons, l'abaisser, c'est-à-dire la retirer du feu.

Note XIV, page 110

O beata et felix insula Lerinensis quæ, cum parvula et plana esse videatur in terrâ, innumerabiles tamen montes ad cœlum misisse cognoscitur ! Hæc est quæ eximios nutrit monachos et prœstantissimos per omnes provincias erogat sacerdotes ; nam omnes quoscumque felix et beata habitatio ista susceperit, caritatis et humilitatis pennis, ad excelsa virtutum culmina Christo sublimare consuevit....

(Saint-Césaire d'Arles, *Discours aux religieux*. VIme siècle.)

O satis nunquam celebrata tellus !
Dulce solamen, requiesque cordis !
Cœlitum sedes procul a profani
Turbine vulgi !
....

Mulcet æstatem placidus Favoni
Spiritus, mulcent agitata sensim
Æquora, exceptat nemus undecumque
Frigus opacum.

Quid, quid insanos animæ tumultus
Ipsa ridentis facies serenat
Aëris, nudas fugiuntque cautes
Livor et ira?

Ergo curarum stimuli, valete,
Qui diù tortos laniante flagro
Cœditis, gnari cupidos latenti
Plectere pœnâ!

(Grégoire Cortèse, *Chronol. Lérin.* XVIme siècle.)

Note XV, page 110

Le vrai titre de l'ouvrage écrit en latin est *Commonitorium peregrini adversus profanas omnium hœreticorum novationes.* (Avertissement du pèlerin contre les nouveautés profanes de tous les hérétiques.) Cet ouvrage, composé par saint Vincent de Lérins vers 440, quelques années après le concile d'Ephèse, a reçu dès son origine et en tout temps beaucoup d'éloges : le P. Labbe le qualifie de *Livre d'or*, Bellarmin en a porté ce jugement : « Mole parvum, sed virtute maximum. » C'est dans cet ouvrage que saint Vincent a donné une règle de foi célèbre, qui a été souvent invoquée aux temps de divisions et de nouveautés dans la foi ; la voici : « In ipsa « item catholica ecclesia magnoperè curandum est ut id « teneamus quod ubique, quod semper, quod ab omnibus

« creditum est. » (Dans l'église catholique, il ne faut s'appliquer à n'ajouter foi qu'à ce qui a été cru en tous lieux, en tous temps et par tous les fidèles.) Un article de Laurentie inséré au tome III du Dictionnaire de la Conversation et de la Lecture fait l'éloge de cet ouvrage, la Biographie Universelle de Michaud porte à plus de trente le nombre des éditions textuelles, sans parler des traductions. Parmi elles, il y en a une à la Bibliothèque de l'Arsenal : elle est en français, faite par un théologien du nom de Ruzé en MCLXI.

A. D. Lourmond, homme de lettres,
fondateur du cours normal pour l'Enseignement supérieur.

Note XVI, page 116

Escoutas eme tendresso
Lou départ deis pelerins,
Que s'en van em'allegresso
Dins leis ilos de Lerins ;
Proufitas deis indulgenços
Doou glourious sant Hounourat ;
Imitas la penitenço
D'aqueou benhurous prelat.
. . . .
. . . .
Su lou bord de noustreis terros,
Si foou touteis embrassa,
Si pardouna leis querellos
Qu'entre n'aoutre si sian fa ;
Se l'y a caoucun que refuse
A la reconciliatien,
Es di que foou que recule,
N'es pas de la proucessien.
. . . .

Canno, villo maritimo.
Dévoto à-n-aqueou grand sant
Remplido dé zélo et d'estimo
Per leis pélérins de Rians;
L'appareil de nouastra troupo
Si mouastro sa devoucien,
Seis campanos souanoun toutos
Per fayré la proucessien.

La mar n'es pas difficilo
Mai (pourvu) qu'aguen un bouan pilot;
Foou qu'à Santo-Margarido
Démanden un passo-port;
Oou fort d'aquéleis douas ilos,
Ly passan émé résoun;
Lou Seignour nous favouriso
Foou qué gagnen lou pardoun.

Nouastro arrivado es hurouso,
Semblan dins lou Paradis;
Uno troupo benhurouso
De sourdats de Jésus-Christ;
Atrapan dins aquello ilo
Lou bouanhur qué sercavian,
Nous mouastro dins soun égliso
Leis vertus d'aquéou grand sant.

Tout lou moundé n'ès en festo.
Per pensa à nouastreïs besouns,
L'y a de pescadours alertos
Que préparoun de peïssouns;
Sian counfus, aco nous charmo,
Admiran la carità
Mais, dins lou cours dé l'annado,
Lou bouan Diou va l'y rendrà.

Aven soulagea nouastro amo,
Foou qué pensen a partir
Et qué counserven la palmo.

Per la fa veyrè oou pays ;

....

De retour dins nouastreis terros,
De pertout vésen vénir
Amis, parens, pèro e mèro,
Soun transpourtas de plaisir ;
De la joye versoun de larmos,
Chacun embrasso leis sious,
Amourous de nouastreis palmos
Bénissoun lou noum de Dieu.

(Cantique des pélerins de Rians, Moyen-Age).

Note XVII, page 130

La *Farandole* remonte à l'époque mythologique. Elle est en rapport avec la danse qu'inventa Thésée, dans laquelle les danseurs imitaient les évolutions et les figures que décrivent dans les airs les troupes de grues voyageuses. C'est la danse décrite par Homère sur le bouclier d'Achille. Ce genre de chorégraphie fut apporté de l'Asie-Mineure par la colonie de Phocéens qui fonda Marseille (l'an 600 avant J.-C.). Chez les Gaulois et les Romains, elle s'y est perpétuée. En Provence, elle a traversé les siècles sans changement, et est demeurée la danse nationale.

Un nombre illimité de personnes des deux sexes se tiennent par la main, ou par des mouchoirs, et tournent en cercle, en poussant des vivats, en chantant, gambadant. La danse est dirigée par un jeune homme qu'on appelle *le meneur;* les évolutions, les mouvements varient au gré de ce meneur. Tantôt le cercle se désunit, la farandole se transforme en une longue queue ; cette queue se tord en spirale, passe et repasse sous des arcs formés par les bras, se rejoint, se désunit, s'allonge, se replie.... Le mouvement de la farandole est un allegro à $\frac{6}{8}$ fortement cadencé. Les marins provençaux la dansent quand ils sont en permission à terre. C'est un coup-d'œil pittoresque de voir, dans les ports de l'Archipel, de l'Adriatique, ces hommes se mêler à la population, entraînant les jeunes filles à la taille souple, aux nattes de jais, qui elles-mêmes accompagnent de leurs chansons pleines de mélodie les évolutions de cette danse animée.

Ajoutons que le fameux *cotillon* parisien à la mode est une farandole perfectionnée ; il a aussi son meneur qui donne le signal des figures.

Note XVIII, page 139

Après plusieurs tentatives infructueuses pour ressaisir le royaume de Naples, le bon René, disent les historiens, mena une vie obscure, étant au milieu de ses sujets comme un simple particulier.

Nostradamus disait de sa maison : « Elle était le « temple de Dieu, l'œil de la prudence, la balance de la « justice, le siége de la magnanimité, la règle de la « tempérance, l'exemple de l'honnêteté, la splendeur de « la miséricorde, la fontaine des grâces, le chœur des « Muses, l'école des orateurs, le concours des poètes,

« l'académie des philosophes, le sénat des sages, l'as-
« semblée des nobles, la table des pauvres, l'espérance
« des bons, le refuge des innocents, la lumière et le re-
« pos de tous. »

DES FÊTES DU ROI RENÉ

La procession de la Fête-Dieu, instituée par le roi René avec des intermèdes singuliers, offre un mélange incroyable de sacré et de profane. Elle était dirigée par un *prince d'amour, le lieutenant du prince, l'abbé de la jeunesse et le roi de la Bazoche.*

Les jeux étaient :

Le Jeu des Diables, où l'on voyait Hérode repousser des diables qui le harcelaient avec des fourches. Etre diable était un honneur brigué dans les familles populaires de père en fils ; on raconte qu'un jeune homme, aspirant à être diable, gagna les suffrages par ce trait d'éloquence : « Mon grand-père a été diable, mon père « aussi, pourquoi ne le serais-je donc pas à mon tour ? »

Le Jeu de la reine de Saba : Des jeunes gens exécutaient une danse sur un air composé par le roi René.

Le Jeu de la Belle Etoile, qui représentait les trois rois Mages, guidés par l'étoile portée au bout d'une pique.

Le Massacre des Innocents : Au signal d'un coup de fusil tiré par Hérode, les enfants se jetaient à terre, en poussant de grands cris, puis riaient aux éclats, en tendant la main aux spectateurs pour obtenir quelques pièces de monnaie.

Les Apôtres : Judas paraissait tenant la bourse, et frappé à coups redoublés par les évangélistes.

Les Lépreux : Ils étaient quatre, dont trois couverts d'une peau galeuse, la tête rasée, armés de ciseaux, d'un peigne et d'une brosse poursuivaient le quatrième, coiffé d'une perruque malpropre.

La Mort était le dernier jeu. Squelette noir, hideux, balayant de sa faux terrible tout ce qui se trouvait sur son passage.

On voyait paraître successivement les dieux de la fable avec leurs attributs : les chœurs des Nymphes, les Dryades et le dieu Pan. Les Parques fermaient la marche. La procession commençait à 11 heures du matin, et n'était terminée qu'à 11 heures du soir. Les innombrables corps de métiers, les religieux, l'Université, les Facultés, le Parlement, les confréries, la Sénéchaussée, la Maréchaussée en faisaient partie.

Outre les danses, les farandoles, les spectacles, les combats, le roi René établit encore la *fête de la Tarasque* et la *fête des Fous*. Cette dernière est trop connue pour qu'il soit besoin d'en donner la description. On pense qu'il institua la Tarasque pour arrêter les combats fréquents que se livraient les habitants de Tarascon, dont les rixes étaient souvent sanglantes.

(Victor Fouques. ***Fastes de la Provence***).

Note XIX, page 146

Législation des Bardes. — Le barde ne pouvait s'occuper que de son art. Il appartenait à tous. Il devait chanter sur la demande de n'importe qui, célébrer les louanges de Dieu, puis celles du Roi. Si la Reine voulait un chant, le barde devait chanter, mais à voix basse. Si le barde demandait quelque chose au Roi, il devait un chant; trois si c'était à un noble; il devait chanter jusqu'à la nuit, si c'était à un homme du peuple. Celui qui blessait la main d'un harpiste payait six fois plus que pour tout autre. Pour une injure faite à un barde, on devait six vaches et cent-vingt deniers; pour le meurtre d'un barde, cent-vingt-six vaches. Il y avait une hiérarchie; le chef avait quatre fois plus que les autres dans la part du butin.

(Victor Fouques, *Fastes de la Provence.*)

Note XX, page 146

Le mot *troubadour* vient de *troubar* trouver, inventer. Les troubadours chantaient généralement les airs qu'ils inventaient; ils se faisaient accompagner par les *jongleurs*, lorsqu'ils ne connaissaient pas la musique. Les différends qui s'élevaient entre les chevaliers et les dames, toutes les causes de galanterie étaient jugées par les *cours d'amour*. Ces tribunaux, composés de dames et de chevaliers, exerçaient sur la société un pouvoir absolu ; les jugements étaient exécutés avec plus de ponctualité que ceux des tribunaux véritables ; les règles d'après lesquelles les cours d'amour rendaient leurs jugements étaient contenues dans le *Code d'amour*.

(Raynouard, *Vie des Poètes provençaux*).

Note XXI, page 148

Tan m'abbelhis vostre cortes deman,
Qu'ieu non puesc, ne vueil a vos cobrir.
Jeu sui Arnaut, que plor, et vai cantan
Con si tost vei la spasada folor,
Et vei giau sen le jor, que sper deman.
Ara vus preu per aquella valor,
Que vus ghida al som de la scalina,
Sovenga vus a temps de ma dolor.

(Dante. *Divine Comédie. Purgatoire*, Chant XXVIe.)

Note XXII, page 149

Lorsqu'on rencontre un usage, un préjugé enraciné dans les mœurs d'une population, il faut en chercher l'origine, et presque toujours il se rencontre que c'est un peuple plus civilisé qui l'a inoculé à celui qui l'était moins.

Les Provençaux ont l'habitude de répéter le nom propre dans la conversation ; chez les Grecs, cet usage était une marque de considération.

Si les Grecs et les Romains excellaient à donner des sobriquets, les villageois provençaux n'ont pas dévié.

Les Grecs n'aimaient pas à se trouver à table plus de dix ; en Provence, certaines personnes ne se mettraient pas à table s'il devait s'en trouver treize.

Les Grecs voyaient dans les aboiements nocturnes des chiens (Dion) un présage funeste ; la même idée subsiste en Provence.

Le jeu de la mourre, presque abandonné en Provence, mais toujours en vigueur chez les Piémontais et les Génois, est cité par Cicéron (*Off.* 3).

En lisant ce vers d'Horace : *Ludere par impar æquitare in arundine longâ*, qui ne voit la transmission de ce jeu romain chez les enfants provençaux ?

Fréquemment aussi ils jouent à *croix ou pile* ? Ce jeu vient encore de l'Orient. Une des monnaies athéniennes portait d'un côté la tête de Janus et de l'autre un navire, *pilos*.

Dans les fêtes nautiques, le jeu de la *Targue* est une dérivation de la fête annuelle de la *Majeure* en l'honneur de Castor et de Pollux.

L'étranger, qui arrive pour la première fois en Provence, est surpris de l'entrain des populations pour la danse, de leurs gestes si multiples et si expressifs, du ton élevé de la voix, des chants nombreux ; il devra penser que ces habitudes régnaient parmi les Grecs : la mimique était fort cultivée par ce peuple, la danse était mêlée à toutes les joies, à tous les actes principaux de la vie.

Un villageois des environs de Cannes disait un jour

à un ami revenu d'un long voyage : « En vous voyant, je sens que mon cœur joue du violon. » Le violon c'est la danse, la danse c'est la joie.

L'exposition des morts, les pieds tournés vers la porte, leur transport à découvert, proviennent aussi des Grecs.

(L'abbé L. Alliez, *Influence des Grecs et des Romains sur les usages et le langage des Provençaux.*)

Il y a une vingtaine d'années, existait encore à Cannes le double usage des mariages de nuit et des enterrements en plein jour, où la tête du mort était découverte. Voici pour les mariages : à la chute du jour, on se rend à la mairie; à peine le célèbre article du code, auquel nous autres femmes nous ne pouvons accorder la qualification de *civil,* est-il prononcé, que le cortège reprend sa marche vers la maison de la fiancée, ou vers quelque salle d'hôtel. Là les rejouissances de Bacchus et de Terpsichore font attendre gaîment l'heure de la bénédiction nuptiale, c'est-à-dire deux heures du matin. Ne ferait-on pas mieux de montrer au grand jour le frais minois d'une jeune fille de seize ans (car on marié les filles très jeunes en Provence) et de voiler sous les ombres de la nuit les tristes restes de notre nature éteinte? C'est ce que nous nous sommes souvent demandé, en voyant passer tour à tour sous nos fenêtres les dépouilles des octogénaires vêtues de noir, des veuves avec le bonnet de rigueur, et de pauvres jeunes filles vêtues de blanc. Le chrétien peut trouver de graves pensées en face de cette imposante image de la mort; mais ne vaut-il pas mieux laisser à chacun le soin de puiser ses réflexions dans le secret de l'oratoire, au pied de la croix, que dans des parades de mauvais goût, vestige d'un temps qui n'est plus !

Cette double coutume vient, dit-on, d'être abolie à Cannes : on s'y marie, comme partout, le jour, et les enterrements ne se font plus avec le visage du défunt découvert. Nous en félicitons la population cannoise, et pour elle-même et pour les nombreux étrangers que cet usage a souvent choqués.

(Extrait de la 1re édition d'*Une Saison à Cannes*.)

FIN

TABLE DES MATIÈRES

ERRATA

Page 13, ligne 1, au lieu d'un des huit cantons, lisez : *de l'un des huit cantons.*

— 23, ligne 9, au lieu de saynettes, lisez : *saynètes.*

— 31, ligne 6, au lieu de ne fût, lisez : *fut.*

— 32, ligne 16, au lieu du mal que fait l'orage, la pesanteur..., lisez : *du mal que fait l'orage par la pesanteur de l'air.*

— 38, ligne 12, au lieu de colons, lisez : *étrangers.*

— 39, ligne 2, au lieu de artistiquement, lisez : *artistement.*

— 44, ligne 2, après nuisibles supprimez la virgule.

— 45, ligne 1, au lieu de l'influe, lisez : l'*influx.*

— 46, ligne 27, au lieu de se faire courrir, lisez : *faire courrir.*

— 49, ligne 9, au lieu de thérébentineuses, lisez : *térébenthinées.*

— — ligne 11, au lieu de la promenade sous les pins, lisez : *de se promener sous les pins.*

— 54, ligne 19, au lieu de l'œil ne sait plus qu'admirer, lisez : *l'œil ne sait que plus admirer.*

— — ligne 23, au lieu de vingt ans à peine, lisez : *il y a vingt ans à peine.*

— 59, ligne 1, supprimez : *qui.*

— 63, ligne 19, au lieu de porter, lisez : *d'emporter.*

— — ligne 21, au lieu des courants d'air froid et dangereux, lisez : *des courants d'air froid, dangereux par l'opposition.*

— 67, ligne 4, rétablir ainsi la ponctuation : sur des terrains vagues, construits aujourd'hui, la municipalité, etc.

— 68, ligne 8, au lieu de arène, lisez : *arènes.*

— 69, ligne 20, au lieu de Crépi, lisez : *Crépy* ou *Crespy.*

— 70, ligne 15, au lieu de : c'est Vence, lisez : *c'est de visiter Vence.*

Page 71, ligne 23, après à visiter, ponctuer avec deux points.

— 72, ligne 11, au lieu de ses cours d'eau, torrents, cascades, lisez : *avec ses cours d'eau, ses torrents, ses cascades.*

— 73, ligne 26 ; page 92, ligne 13 ; page 121, ligne 7 ; lisez : *Bérenger.*

— 74, ligne 24, lisez : *Subleyras.*

— 78, ligne 26, au lieu de qu'il épaule, lisez : *que celui-ci épaule.*

— 79, ligne 13, au lieu de qui s'appliqueront, lisez : *qui s'appliquent.*

— — ligne 15, au lieu de faire fonctionner, lisez : *à faire fonctionner.*

— 86, ligne 6, lisez : *erodium*, en caractères ordinaires.

— 90, ligne 2, au lieu de périssoirs, lisez : *périssoires.*

— — ligne 16, au lieu de raisons, lisez : *raison.*

— 92, ligne 1, lisez ainsi : *dont on voit le château féodal en ruines.*

— 95, ligne 12, au lieu de prolonger indéfiniment, lisez : *renouveler fréquemment.*

— 103, ligne 5, au sus et vu, lisez : *au su et vu.*

— 110, ligne 23, lisez : *La Monge.*

— 117, ligne 18, lisez : *myrte.*

— 118, ligne 8, au lieu de bâteaux, lisez : *bateau.*

— 119, ligne 9, lisez : *quel qu'en soit.*

— 123, ligne 2, au lieu de subsistantes, lisez : *existantes.*

— — ligne 10, rétablissez ainsi la ponctuation : du prince de Condé qui fut le père, etc.

— 126, ligne 10, lisez : *Albéric second.*

— 128, ligne 28, au lieu de naguère, lisez *jadis.*

— 144, ligne 1, au lieu de l'adjonction d'un vocable grec, lisez : *l'adjonction de vocables grecs.*

— 146, ligne 18, lisez : *Singuildas.*

— 147, ligne 29, au lieu de proféraient, lisez : professaient.

— 148, ligne 11, lisez : dont le siége est à Avignon, et *dont* les membres sont appelés félibres.

— 172, ligne 1, lisez ainsi : Dans l'église catholique, il faut s'appliquer à n'ajouter foi qu'à, etc.

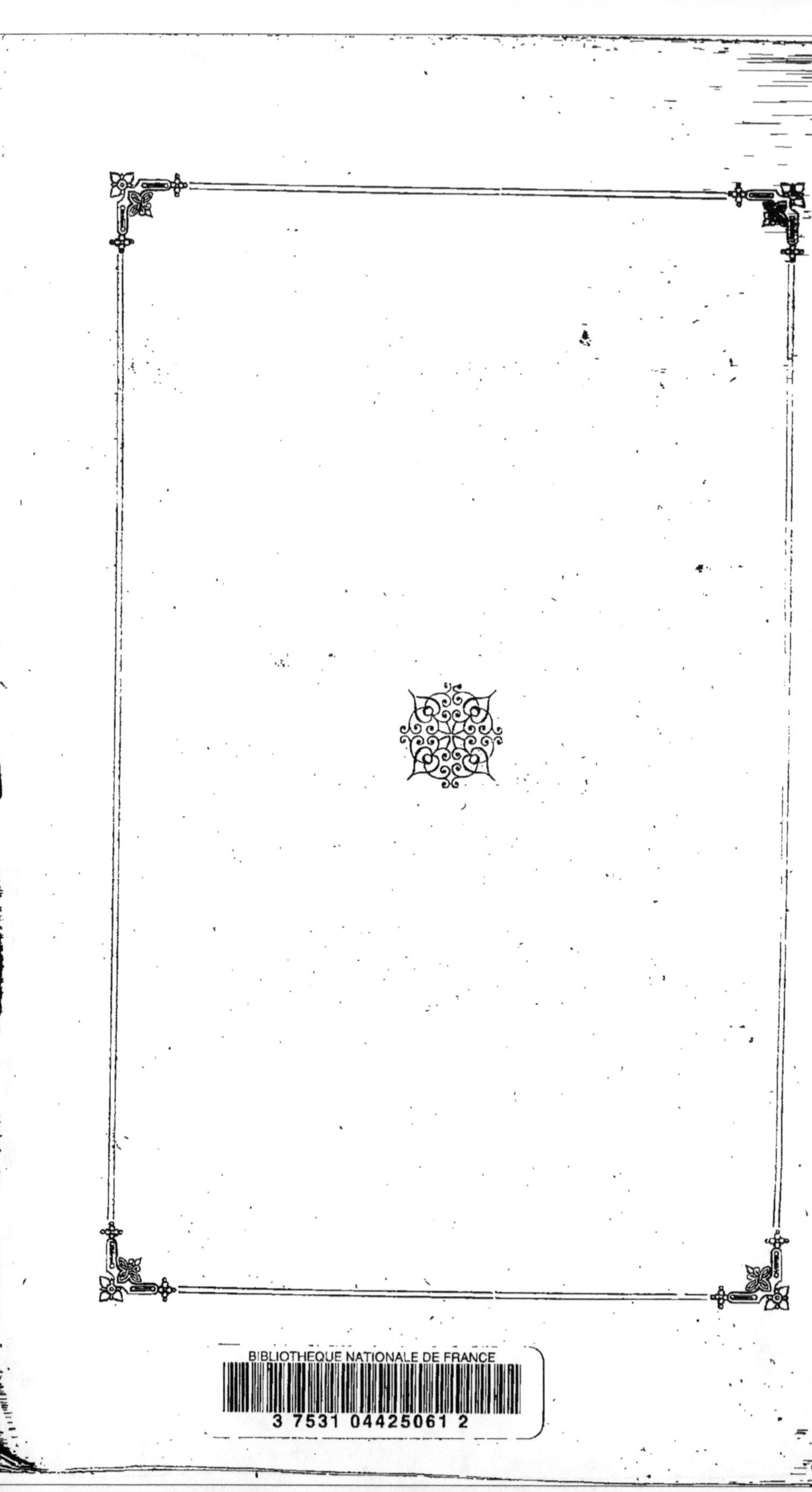

www.ingramcontent.com/pod-product-compliance
Lightning Source LLC
Chambersburg PA
CBHW070414090426
42733CB00009B/1661

* 9 7 8 2 0 1 1 2 7 9 0 5 7 *